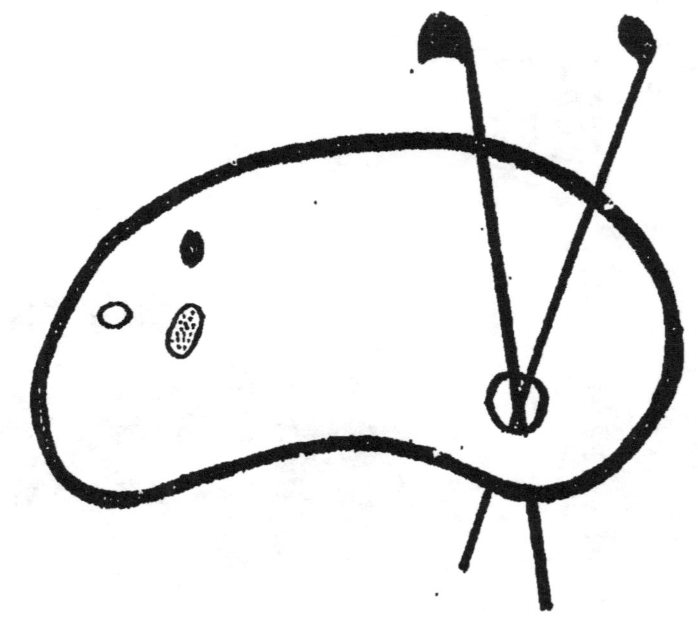

Couverture inférieure manquante

ORIGINAL EN COULEUR
Nº Z 43-120-8

GEORGES DELAHACHE

PETITE HISTOIRE

DE

L'ALSACE-LORRAINE

PRÉFACE DE

M. PAUL DESCHANEL

De l'Académie française
Président de la Chambre des Députés

...TIONS D'ALSACE-LORRAINE

PETITE HISTOIRE

DE

L'ALSACE-LORRAINE

OUVRAGES DU MÊME AUTEUR

Alsace-Lorraine : La Carte au Liséré vert. — *(Un peu d'histoire. — La volonté de l'Allemagne. — Le fait de 1871. — Les Alsaciens-Lorrains, « rançon » de la France. — Depuis).* — (Sixième édition). Un volume in-16, broché. Hachette et Cie, éditeurs . . . . 3 fr. 50

    Ouvrage couronné par l'Académie française.

L'Exode *(De Bischwiller à Elbeuf. — Phalsbourg. — Mulhouse-Belfort. — Metz. — Alsaciens d'Algérie. — Wissembourg. — Vic. — Le « Rayon des Vosges »).* — (Deuxième édition). Un volume in-16, broché. Hachette et Cie, éditeurs . . 3 fr. 50

    Ouvrage couronné par l'Académie des Sciences Morales et Politiques.

La Cathédrale de Strasbourg. Étude historique et archéologique. — Un volume in-16, avec 30 planches hors texte en phototypie, plusieurs illustrations dans le texte et un plan (Collection des *Grands Monuments*). D.-A. Longuet, éditeur. 4 fr.

Un Ennemi du Cardinal " Collier " : François-Léopold de Mayerhoffen, maire de Saverne (Contribution à l'histoire de la Révolution en Alsace). — Un volume in-16. Dorbon aîné, éditeur . . . . 3 fr. 50

L'Insurrection de Strasbourg (30 octobre 1836). — Un volume in-4°, avec de nombreuses illustrations (tirage à part de la *Revue alsacienne illustrée*). Librairies Dorbon aîné et Floury . . . . 10 fr.

GEORGES DELAHACHE

PETITE HISTOIRE
DE
L'ALSACE-LORRAINE

PRÉFACE DE

M. PAUL DESCHANEL

De l'Académie française
Président de la Chambre des Députés

ÉDITIONS D'ALSACE-LORRAINE
1918

PRÉFACE

M. Georges Delahache s'est placé au rang des meilleurs historiens de l'Alsace par son livre célèbre : La Carte au liséré vert. Voici une œuvre nouvelle qui complète l'autre et qui mérite d'être aussi répandue. L'éminent écrivain cite le mot que Bismarck adressait, avant la guerre de 1870, au colonel Stoffel, notre attaché militaire à Berlin : « Les Romains sont arrivés chez nous près d'un siècle plus tard que chez vous ; c'est un retard de cent ans que nous n'avons jamais rattrapé ! » Cette boutade du chancelier n'explique pas seulement les forfaits par lesquels les Allemands croient jeter l'épouvante ; elle explique, dans son principe même, l'agression de 1914. Ce qui sépare l'Allemagne des autres nations, c'est une conception historique du passé. Pour les Etats civilisés, l'hégé= monie n'était plus qu'un souvenir. Les peuples ont d'autres besoins que celui de régner. Un autre idéal les appelle : celui d'une justice et d'une fraternité que la force des armes ne rudoierait point d'une per= pétuelle menace. D'autres réalités les occupent : le souci de l'existence quotidienne, âpre et lourde d'in= quiétude, même dans la paix. Aux imaginations alle=

mandes remplies du moyen âge, où les héros, les lé=
gendes d'un temps disparu se pressent comme des
réalités encore vivantes, le rêve d'avenir apparaît
sous des formes mortes pour le reste du monde : majestés
équestres, étendant un bras dominateur sur l'univers
« pacifié », allégories, foudres, lauriers... Autrefois,
c'étaient des domaines sans âme, des bourgades éparses,
un lambeau de territoire, une duché ou une comté
mal définie, que le prince soumettait à son joug ; ce
n'étaient point des collectivités nationales conscientes
d'elles=mêmes, des personnes morales, longuement
formées par une histoire, par une tradition, des aspi=
rations, des épreuves communes. L'instrument de ces
gloires, c'était une petite armée, souvent mercenaire,
qui venait s'offrir au « service » du conquérant. Près de
la guerre, la vie continuait, et, le jour de la victoire,
les peuples pouvaient admirer et se réjouir, sans que
les troublât l'horreur du sang répandu... Les temps
sont changés. L'Allemagne n'a pas suivi l'évolution
des temps. Elle aurait pu, par l'audace de ses voya=
geurs et de ses commerçants, conquérir terres et mers
sans tirer l'épée. Mais une invasion pacifique ne satis=
faisait pas l'orgueil impérial du maître, l'orgueil
impérialiste inoculé aux sujets. Il leur fallait d'autres
triomphes. Si leur âme était aussi moderne que leur
chimie, ils n'auraient pas ensanglanté le monde.

Pendant que l'Allemagne se complaisait en ce
rêve d'hégémonie, la France marchait dans les voies
de la liberté, elle ne voulait pas croire que rien désor=
mais pût ralentir le progrès social ; il lui semblait
que toute l'humanité était prête à y concourir d'un
même cœur. Or, cet amour de la liberté, cette confiance
dans le développement pacifique des peuples, cet esprit

de la Révolution, c'était aussi l'esprit de l'Alsace : de là, entre elle et la France, la plus intime communion; entre elle et l'Allemagne, une incompatibilité absolue. Un fait domine tout le drame alsacien ; démocrates par tempérament et par tradition, ces hommes avaient salué avec enthousiasme le jour qui les fit citoyens, et comme c'est à la France qu'ils devaient cet honneur, de ce jour ils devinrent passionnément Français. L'étincelle révolutionnaire acheva la fusion. Les Allemands mêmes ont fini par le reconnaître : « Ce premier et puissant sentiment politique qui fait d'un homme un citoyen », disait, il y a quelques années, le député Naumann dans un discours au Reichstag, « ce premier et fort sentiment civique, qu'un peuple se transmet fidèlement de génération en génération, parce que les individus se souviennent avec reconnaissance du jour où ils cessèrent d'être des sujets pour devenir des hommes libres, ces premiers sentiments vraiment populaires, c'est de la France qu'ils sont venus aux Alsaciens-Lorrains ». Lorsqu'en 1790, au cours des fêtes de la Fédération, les gardes nationaux de Strasbourg allèrent jusqu'au Rhin pour planter sur le pont de Kehl un drapeau tricolore avec cette inscription : Ici commence le pays de la liberté, cet acte naïf et spontané du peuple strasbourgeois était le symbole de toute leur vie depuis un siècle. Au dix-huitième et au dix-neuvième, les Alsaciens ont partagé avec la France toutes les luttes où se forgea la liberté. L'Alsace arrachée à la France malgré sa volonté formelle, l'Alsace durement contrainte par le Drill administratif et militaire de l'Allemagne, c'était une marche à rebours de la civilisation et en même temps de sa tradition propre. Par là s'expliquent les protestations

solennelles et répétées, l'exode des jeunes gens, des
hommes, des familles par milliers, les réintégrations
dans la qualité de Français et les engagements dans
l'armée française, les procès devant la Haute=Cour
de Leipzig, la résistance à la germanisation.

L'Alsace française était une des forces du libéra=
lisme dans le monde. La France sans l'Alsace, c'est
le deuil des principes de liberté et de justice qu'elle
représente, de l'idéal pour lequel elle lutte depuis
quatre ans. Patience ! Attendons l'heure de la « Jus=
tice immanente ! » Nous reverrons le ciel, nous rever=
rons les étoiles !

Paul DESCHANEL.

CARTE

DE

L'ALSACE ET DE LA LORRAINE

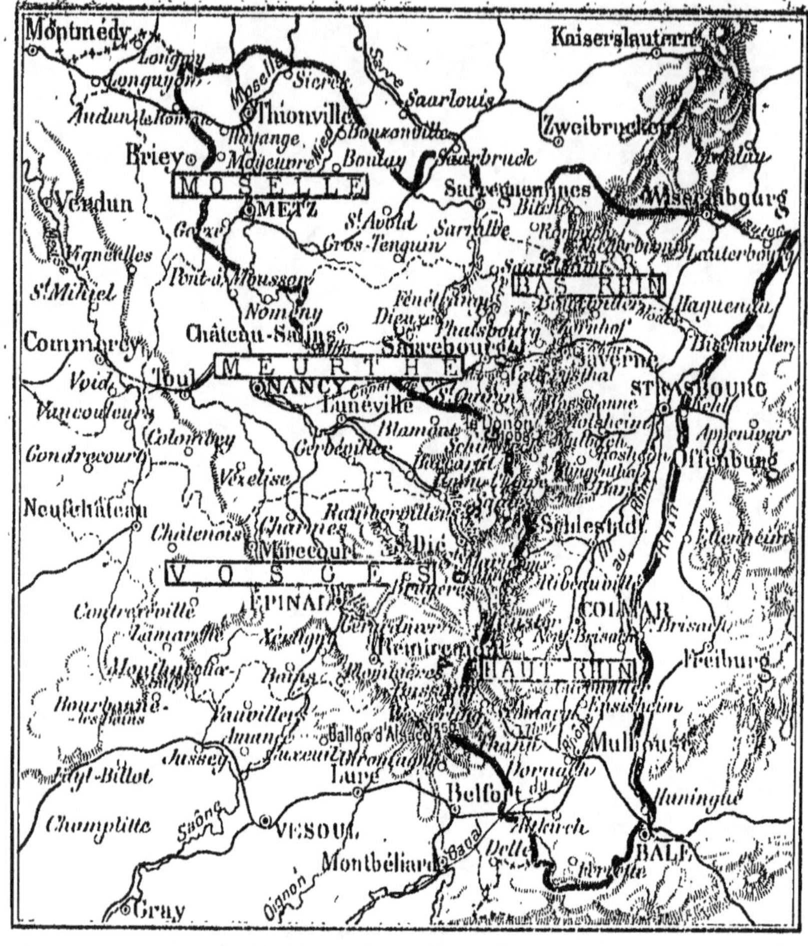

AVANT le traité de Francfort (1871), qui mit fin à la guerre de 1870,
l'Alsace formait deux départements : le *Bas-Rhin*, chef-lieu : Strasbourg, sous-préfectures : Saverne, Schlestadt, Wissembourg ; le
Haut-Rhin, chef-lieu : Colmar, sous-préfectures : Belfort et Mulhouse ; Belfort (avec le territoire immédiatement environnant) est
la seule ville d'Alsace que le traité de Francfort ait conservée à la
France ; — la **Lorraine** formait quatre départements : la *Meuse*
chef-lieu : Bar-le-Duc, le seul département lorrain entièrement
conservé à la France ; les *Vosges*, chef-lieu : Épinal, dont deux cantons
(celui de Saales et celui de Schirmeck) ont été cédés à l'Allemagne
par le traité ; la *Moselle*, chef-lieu : Metz, sous-préfectures : Briey,
Sarreguemines, Thionville ; et la *Meurthe*, chef-lieu : Nancy, sous-
préfectures : Château-Salins, Lunéville, Sarrebourg, Toul, ces deux
derniers départements ayant perdu par le traité de 1871, l'un, les
arrondissements de Metz, Sarreguemines et Thionville, l'autre, les
arrondissements de Château-Salins et Sarrebourg. Les lambeaux
qui nous sont restés de la Meurthe et de la Moselle ont formé le
département de Meurthe-et-Moselle chef-lieu : Nancy.

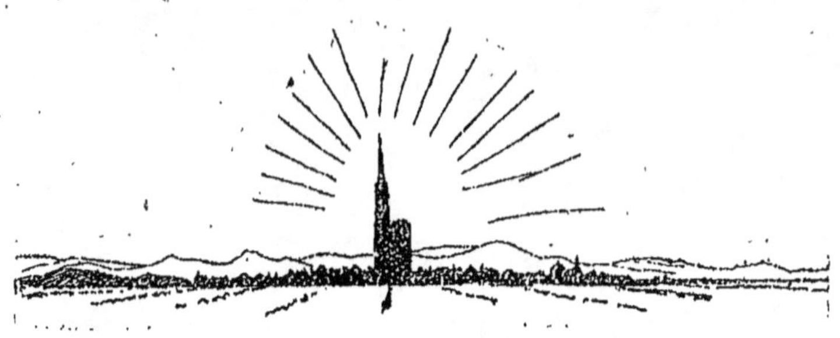

LES ORIGINES

Le Rhin.

ON pourrait inscrire en épigraphe, au début de cette histoire, deux phrases très anciennes, qui la contiennent en germe tout entière. Lorsqu'au premier siècle de l'ère chrétienne Tacite observait que « le Rhin sépare la Gaule de la Germanie » et représentait le Germain « las de ses solitudes marécageuses, envahissant périodiquement les Gaules, brûlé du désir de posséder ce sol fertile, de posséder aussi ceux qui l'habitaient », le rude écrivain romain dominait sans le savoir des siècles d'histoire future, une longue continuité de luttes, d'angoisses, de drames, et jusqu'à la grande convulsion de 1914.

: Les premières invasions :
et les premières résistances.

Que les régions d'entre Vosges, Rhin et Moselle, qui devaient un jour s'appeler l'Alsace et la Lorraine, aient été l'objet et le théâtre de continuelles disputes, dans ces temps de civilisation incertaine et de propriété mal définie, cela n'offre rien que de naturel et ne saurait retenir longtemps l'attention : époques trop confuses pour qu'on puisse tirer de leur étude des conclusions précises.

Il convient de noter, du moins, que ces premières populations de la rive gauche du Rhin étaient celtiques, c'est-à-dire de même race que l'ensemble des populations qui vivaient sur le sol gaulois ; qu'au contraire les peuplades d'au-delà du Rhin étaient de race germanique ; qu'un jour, celles-là, pour mettre fin aux fréquentes incursions de celles-ci, appelèrent à l'aide Jules César, confiantes, pour se protéger, dans la force romaine. Arioviste, le chef germain, fut contraint, après une défaite sanglante (58 av. J.-C.), de repasser le Rhin, et les Romains mirent à profit cette trêve pour organiser le pays, construire des routes, établir des centres d'action dans certaines bourgades qui, peu à peu, devinrent des villes : Metz, Strasbourg, Saverne, Toul, Verdun.

Mais ce furent bientôt de nouvelles invasions, de nouvelles mêlées tumultueuses, de nouveaux bouleversements, dont le souvenir s'éveille aux seuls noms de l'empereur Julien et de Clovis, qui repoussèrent l'envahisseur, l'un, en l'an 357 (la bataille eut lieu tout près de Strasbourg, à Kœnigshoffen), l'autre, à la fin du siècle suivant, en 496.

Première apparition des noms
: d'Alsace et de Lorraine :

Jusqu'à ce moment, est-il besoin de le dire? ces terres riveraines du Rhin et de la Moselle n'avaient point de personnalité : ni Alsace, ni Lorraine, mais pays presque anonymes et peuplades toujours bousculées.

Au reste, si l'Alsace et la Lorraine se présentent généralement à l'esprit du public comme deux noms qui semblent, l'habitude aidant, n'en plus faire qu'un, il ne faut pas oublier que cette désignation commune est d'origine récente autant qu'étrangère et douloureuse pour nous. Il n'y avait entre elles qu'une juxtaposition géographique ; leurs destins ont suivi parfois un cours analogue, mais sans jamais se confondre ; dans la suite des temps, certains caractères essentiels les ont séparées ; et c'est l'Allemagne seule qui leur a imposé, depuis 1871, le lien factice du trait d'union : *Alsace-Lorraine* n'est qu'une expression administrative allemande.

Leur premier état-civil même ne remonte point à une date ni à des circonstances communes. Peut-être le nom d'Alsace vient-il du nom de la région, *Ell-Sass*, pays de l'Ill, le fleuve qui l'arrose du sud au nord avant de se jeter dans le Rhin près de Strasbourg? Toujours est-il que, vers le septième siècle, la plaine alsacienne vécut quelque temps sous l'autorité d'une sorte de dynastie de chefs militaires qui s'appelèrent les *ducs d'Alsace*. Quant à la *Lorraine* son nom rappelle la dissolution de l'Empire de Charlemagne, au neuvième siècle, et la part de Lothaire II, son second fils ,dans la succession du grand empereur : le *Lotharii regnum* (d'où, *Loherreigne*, et, finalement, *Lorraine*), vague État composite qui allait de la Bourgogne à la mer.

Le Serment de Strasbourg (842).

: La civilisation gallo-romaine, :
puis française, au moyen âge.

C'est au cours de cette dissolution de l'Empire carolingien que se place (en 842) la scène fameuse qui eut la plaine strasbourgeoise pour théâtre : Louis le Germanique et Charles le Chauve se promettant une aide mutuelle contre leur frère Lothaire et, pour ce solennel échange de serments, employant chacun l'idiome de l'autre, Charles le Chauve la langue germanique, Louis le Germanique le « roman » ; d'où ce texte connu sous le nom de *Serment de Strasbourg*, qui est précisément le plus ancien document existant de notre langue française.

Ce fait important n'est d'ailleurs point le seul de cet ordre qu'il y ait lieu de rappeler au cours de ces années lointaines. La civilisation romaine avait trop pénétré la Gaule pour que la culture alsacienne et lorraine n'en portât point très profondément la marque. Les écoles latines des grands monastères d'Alsace avaient exercé une influence considérable sur le développement intellectuel du pays. C'est en latin qu'Ermoldus Nigellus chanta les beautés de la première cathédrale de Strasbourg, en latin que furent rédigées, au douzième siècle, les légendes des admirables miniatures du *Hortus deliciarum* de l'abbesse Herrade de Landsberg. Après que l'idiome germanique eut remplacé le latin dans les textes littéraires, l'esprit de cette littérature n'y décèle pas moins l'influence du moyen âge français : un Allemand même a dit de *Tristan et Isolde*, le célèbre poème de Godfried de Strasbourg, qu'il était « l'ouvrage le plus français de la vieille littérature germanique », et bien d'autres œuvres pourraient démontrer cette affinité de l'Alsace avec la France dans le domaine intellectuel. Quant aux Lorrains, la tradition littéraire et morale de la France est, parmi eux, dès ce temps-là, générale et constante : la *Lettre de la Commune paix de Metz*, qui date de 1214, est un des plus anciens titres législatifs écrits en français ; le vieux roman en vers du *duc Hervis*, est en français, en français aussi la *Chronique* du doyen de Saint-Thiébaut, celles de Philippe de Vigneulles, d'Aubrion, d'Ancillon, en français le *Mystère de saint Clément*.

Observations analogues au point de vue artistique. On sait que le mot *gothique* est un terme impropre si l'on croit désigner par là des formes artistiques qui auraient leur origine chez les Goths, et qu'en réalité, cette origine, il faut la chercher dans l'Ile-de-France : forte action de la France au point de départ de l'art gothique, dont on trouve, en Alsace et en Lorraine, des traces particulièrement intéressantes. Le savant Quicherat, dans son cours d'archéologie, ne manquait pas, dit-on, de saluer chaque année d'un hommage enthousiaste la cathédrale Saint-Etienne, de Metz, comme un des plus beaux édifices du quatorzième siècle français, et tous les monuments du plus ancien passé, dans toute la Lorraine, témoignent de la plus intime parenté avec leurs contemporains de la Champagne ou de l'Ile-de-France. La Collégiale Saint-Martin, à Colmar, porte une marque curieuse des mêmes origines : l'architecte l'a signée de son nom, au portail méridional, et ce *Maistres Humbret* était certainement un Français. C'est à la basilique de Saint-Denis, d'après certaines caractéristiques non douteuses, que le maître qui dressa l'admirable nef de la cathédrale de Strasbourg, avait cherché ses directions ; et l'on peut dire, d'autre part, que la sculpture française du treizième siècle n'offre pas de spécimens plus purs ni plus complets, que les deux statues de l'*Eglise* et de la *Synagogue*, qui ornent, sur la place du Château, le portail sud de la même cathédrale.

Vue rapide, mêlée, il est vrai, de quelques « anticipations », mais qui nous permet de reprendre maintenant, sans plus être tenté de l'interrompre, l'histoire de nos deux provinces au moment où nous l'avions laissée, sous les murs de Strasbourg, tandis que deux foules armées accentuaient par la différence naissante des langages futurs les différenciations déjà dessinées par le passé.

LE SAINT-EMPIRE

UNE époque approchait, qui, pour de simples ana-
logies de mots, allait provoquer des confusions
plus singulières qu'innocentes. Quelques années
plus tard, en effet (869-870), de partage en partage, la
région plus spécialement alsacienne tomba aux mains
de Louis le Germanique, héritier du titre impérial de
Charlemagne, et par lui s'incorpora ainsi dans le *Saint-
Empire*, tandis que Charles le Chauve, bénéficiaire
d'une autre partie de la succession, se faisait couronner roi de Lorraine, à Metz ; enfin, après de nouvelles péripéties, brouilles entre héritiers, contesta-
tions et remaniements, le Saint-Empire engloba le
Royaume de Lothaire, comme l'ancien Duché d'Alsace.

Ce qu'était le Saint-Empire
:: romain germanique ::

Mais ce *Saint-Empire Romain Germanique* n'était
nullement, malgré l'épithète finale de son titre
pompeux, l'Allemagne d'aujourd'hui.

Les Allemands confondent volontiers les temps, même à plusieurs siècles d'intervalle, quand ils croient ces confusions favorables à leurs intérêts. On a dit spirituellement que leurs Universités avaient créé une ethnographie à l'usage des ambitieux : pour le même usage, elles ont aussi, sur la base du Saint-Empire romain germanique, créé une histoire. Car il n'était ,« en aucune manière », écrivit un jour Voltaire, « ni saint, ni empire, ni romain » ; et, germanique, il ne l'était pas davantage : « l'Allemagne appelée l'Empire comme siège de l'Empire romain, — étrange révolution dont Auguste ne se doutait pas ! » En se faisant couronner, à Rome, empereur d'Occident, Charlemagne n'avait, en vérité, rétabli qu'un *titre*, un titre vacant, qui ne servait plus, depuis quatre siècles, qu'aux empereurs de Byzance, et, quand sa succession se fut dissoute en parcelles multiples, sans harmonie et sans lien, le titre d'*Empereur* ou de *Roi des Romains*, qui n'était qu'un des biens de la succession, ne suffit jamais à refaire au profit du porteur l'unité de l'Empire. Il resta un titre, une dignité, élective en principe, accessible à tous les candidats, même aux rois de France, et le Saint-Empire ne fut jamais un État, ni même une Confédération d'États unis entre eux par la communauté du caractère et de la langue, des intérêts et des volontés. Il n'était qu'une expression politico-religieuse, un corps électoral divers et diffus, une agglomération amorphe et disparate, aux frontières toujours mouvantes, de domaines de toutes sortes, royaumes, comtés, républiques, évêchés, abbayes, qui ne ressortissaient à l'Empire que pour quelque formalité d'origine féodale, tout en étant, parfois, extérieurs à la Germanie et se rattachant par leur position géographique, leur vie politique, leurs intérêts économiques, à un autre corps politique : l'Italie aussi fut de l'Empire.

Singularités pour le dix-neuvième et le vingtième siècles, qui étaient l'état politique normal du quinzième ou du dix-septième ! alors qu'il n'existait, presque partout, que des juxtapositions, des super-positions, des *enchevêtrements de domaines, — non des nations.*

L'Alsace et le Saint-Empire. Interventions françaises sollicitées par l'empereur, par les princes allemands ou par les villes alsaciennes.

L'Alsace se trouvait perdue dans les vagues limites occidentales de cette immense agglomération.

Elle était, elle aussi, non point une province, une unité territoriale délimitée et « formant corps », mais un simple terme, d'ailleurs assez vague, de géographie physique, non politique, un inconsistant mélange de petits États très divers, sans personnalité commune, « en l'air » : 1º quelques propriétés héréditaires de l'empereur, très peu nombreuses (ainsi, le comté de Ferrette) ; 2º des principautés seigneuriales ou ecclésiastiques, seigneurie de Ribeaupierre, baronnie de Fleckenstein, comté de Hanau-Lichtenberg, république de Strasbourg, terres dépendant de l'évêché de Spire, du comté de Wurtemberg-Montbéliard, de la maison palatine, du margrave de Bade, du duc de Lorraine, etc., etc... ; 3º la *Décapole*, nom donné à un ensemble de « Dix villes libres impériales », sur lesquelles l'empereur exerçait une sorte de haute administration, qui avaient acheté de lui le droit de ne dépendre que de lui, *c'est-à-dire surtout d'elles-mêmes,* sans avoir à redouter aucune suzeraineté plus proche et plus gênante que la sienne.

Disputeurs et pilleurs sans fin, ces multiples petits pouvoirs avaient fait de l'Alsace un vaste et perpétuel champ de bataille, et, comme l'attention des empereurs se trouvait alors portée vers l'est, où l'Empire était menacé par les Slaves et les Hongrois, le seul moyen dont ils disposaient pour protéger l'Alsace dans ce désordre chaque jour croissant, c'était d'appeler des secours du dehors, de faire intervenir, par exemple, le futur Louis XI, fils de Charles VII, avec ses Armagnacs, ou Charles le Téméraire, avec ses Bourguignons. *Un chef du Saint-Empire appelant à l'aide un prince héritier de France et mettant villes et campagnes à sa merci,* — fait également normal dans ces siècles lointains, également singulier pour le nôtre.

Les événements religieux devaient souligner d'un dernier trait ce que de pareilles situations offrent d'étrange à nos yeux.

La Réforme s'était répandue dans plusieurs parties de l'Alsace. La question religieuse et la question politique se mêlaient intimement : *c'est ainsi que les protestants allemands soutinrent les huguenots français.* Il y avait un ennemi commun, au double point de vue politique et religieux, la maison d'Autriche, dont la branche allemande et la branche espagnole poursuivaient ensemble la réalisation d'un double dessein : toute-puissance de l'Autriche et triomphe du catholicisme. Les protestants avaient, par l'édit de Nantes, acquis, en France, la liberté de leur culte ; les protestants d'Allemagne recherchèrent l'appui de la France, et ainsi se forma, autour de la France, à la fin de la guerre de Trente ans, une coalition comprenant les petits États protestants d'Allemagne, la Hollande, la Suède, la Suisse, — conséquences d'accords religieux plutôt que politiques, rien qui ressemblât à des luttes de nationalités constituées, ni à des « dénationalisations » forcées.

L'Alsace se trouvait en plein dans la mêlée. A diverses reprises, des petites principautés (le comté de Hanau-Lichtenberg), des villes (Saverne, Haguenau, Schlestadt, Colmar), lasses d'être disputées constamment à main armée, se mettent sous la garde des troupes françaises, ou suédoises à la solde du roi. Et en 1648, à la signature des traités de Westphalie, *comme conséquence et en récompense de la protection accordée par le roi aux princes protestants d'Allemagne,* l'Empire céda l'Alsace à la France.

Les traités de Westphalie (1648).

Mais on a vu ce qu'était l'Alsace, composée de pièces et de morceaux : l'empereur ne régnait pas sur elle en propriétaire absolu, ayant les mêmes droits toujours et partout.

Aussi les discussions en vue de la paix avaient-elles été longues, subtiles et embrouillées, d'ailleurs sans conclusion nette sur ces points : que cédait exactement l'empereur? étaient-ce des droits de suzeraineté ou des territoires? que cédait-il comme chef de la maison d'Autriche? et que cédait-il comme représentant de l'Empire? La confusion subsiste dans le texte des traités. Un acte diplomatique où parfois l'empereur donne quand l'Autrichien garde et *vice versa*, un traité qui cède, ici des droits, non des territoires, là des territoires, non des droits, cela non plus ne se conçoit point à notre époque. Un certain article 87, et quelques autres..., entremêlent à l'envi le *donner* et le *retenir*, et cela, sans nul doute, à l'égale satisfaction des parties contractantes ; batailles et traités étaient alors la raison d'être des princes, et une intention réciproque, mais inavouée, courait implicite entre les paragraphes : laisser la porte ouverte aux revendications, ne limiter définitivement ni la France pour l'Allemagne, ni l'Allemagne pour la France.

La prise de possession de Strasbourg, en 1681, fut une conséquence logique du nouvel état de choses : « depuis 1648 », devait dire plus tard, en fêtant cette date, le maire Kratz, « Strasbourg gravitait vers le centre qui a fini par l'absorber. »

Pour éclaircir les obscurités diplomatiques de 1648, le roi désigna, dans les cours judiciaires de quelques villes frontières, certaines de leurs Chambres, dont la fonction fut de préciser les articles restés douteux dans les derniers traités et de leur faire produire leur plein effet, de rechercher méthodiquement et de réunir au royaume tout ce qui se rattachait, en vertu des anciens titres féodaux ou de traités plus récents, aux territoires de leurs ressorts. Le traité de Nimègue (1679) ayant confirmé les traités de Westphalie, le Conseil Souverain de Brisach en fit une sorte de commentaire à fin d'unité : il proclama le principe de la souveraineté absolue du roi dans la basse comme dans la haute Alsace, et, par voie de conséquence, il « réunit » Strasbourg, que les troupes royales occupèrent l'année suivante (1681) ; la république de Strasbourg, dans le flux et le reflux des armées, hésitait toujours, ménageait tantôt l'une, tantôt l'autre, les incidents étaient fréquents, et Louvois profita de cette situation pour réaliser en fait la réunion prononcée par l'arrêt du Conseil de Brisach.

Le roi lui conserva, d'ailleurs, sa constitution, ainsi que sa liberté religieuse, c'est-à-dire la liberté du culte protestant, quoique, cette fois, les catholiques surtout eussent appelé son intervention de leurs vœux ; le 24 octobre 1681, quand Louis XIV se présenta en grande pompe à la porte de la cathédrale, l'évêque François-Egon de Furstenberg, qui avait été l'auxiliaire dévoué de la politique royale, lui témoigna « une joie pareille, dit-il, à celle du bienheureux Siméon recevant l'Enfant Jésus au Temple de Jérusalem ».

Désormais, « la Gaule était fermée aux Germains », *Clausa Germanis Gallia ;* ces trois mots, exergue de la médaille qui fut frappée en l'honneur de la réunion, disent à eux seuls toute l'importance que prenait Strasbourg pour la France. En 1697, le traité de Ryswick consacra la cession pleine et entière de la ville avec toutes ses dépendances situées sur la rive gauche du Rhin, et, « pour cet effet, il a été trouvé bon de rayer la ville de Strasbourg de la matricule de l'Empire. »

: : La Lorraine et le Saint-Empire : :
Mêmes interventions, sur mêmes sollicitations

La Lorraine avait suivi des destins analogues. Mais son morcellement ne s'était point continué à l'infini, comme celui de l'Alsace. Charles le Chauve, on l'a vu, s'était fait couronner à Metz, et ce royaume de Lorraine, au cours de la dissolution féodale, avait reparu en quatre ou cinq tronçons, point davantage : le duché de Lorraine et le comté de Bar, les comtés de Metz, de Toul et de Verdun. Tous ces morceaux de Lorraine passèrent, comme les territoires alsaciens, sous la tutelle du Saint-Empire, mais, français de langue et de coutume, ils commencèrent bientôt à desserrer les liens qui les attachaient à lui, pour se ratta-cher, au contraire, à la France.

: Les Trois-Év .hés :
(Metz, Toul et Verdun) ;
: : le traité de 1551 : :

Ce furent, d'abord, Metz, Toul et Verdun (autrement dit : les *Trois-Evêchés*), et, ici encore, ce sont *les princes de l'Empire, adversaires de l'empereur et alliés du roi*, qui jetèrent les Trois-Evêchés dans le bras de la France.

Pour remercier Henri II de la protection accordée aux protestants du Nord contre Charles-Quint, ils invitèrent le roi Henri II (traité de 1551), à « s'impatroniser dans les villes qui ne sont pas de langue germanique » (Metz, Toul et Verdun), et, ajoutaient-ils, « attendu que le roi très chrétien se porte envers nous, Allemands, en cette affaire, avec secours et aide, non seulement comme ami, mais comme père charitable, nous en aurons tout le temps de notre vie une reconnaissance éternelle ». C'est ainsi que les troupes du roi occupèrent Metz en 1552, et qu'Henri II fut salué de ce titre, symbole d'un état politique si différent du nôtre... : *Vengeur des libertés germaniques.*

La réunion à la France fut consacrée en 1648 par les traités de Westphalie.

: : Stanislas Leczinski, : :
duc de Lorraine et de Bar

Et ce fut, enfin, un siècle plus tard, la réunion du duché de Lorraine lui-même.

Après bien des vicissitudes et des tergiversations, alliances officielles ou déguisées, garnisons ducales ouvertes aux troupes royales (Nancy, par exemple, en 1702), impôts du système français, palais et fêtes à la manière de Versailles, le jeu des combinaisons diplomatiques donna la Lorraine à Louis XV ; non point, cette fois, comme une marque de reconnaissance des princes allemands, mais *pour faciliter les affaires de l'empereur lui-même en Pologne.* Lorsque, en effet, à la mort du duc Léopold, la duchesse prit le gouvernement (1729), en l'absence de leur fils, François III, qui était élevé par son grand-père l'empereur Charles VI à la cour de Vienne pour devenir le mari de la future impératrice Marie-Thérèse, cette circonstance étrangère et lointaine précipita d'une dernière poussée les destins de la Lorraine vers la France. L'empereur venait de s'engager dans la guerre de succession de Pologne ; or, son candidat, Auguste de Saxe, ne put devenir roi de Pologne que sous réserve d'un dédommagement pour le roi détrôné, Stanislas Leczinski, à qui l'on donna les États de François III, lequel recevrait comme compensation le duché de

Toscane : marchandages et trocs qui étaient d'usage courant alors...

C'est ainsi que Stanislas Leczinski devint duc de Lorraine et de Bar (1736), sa vie durant, à condition de laisser, après lui, les duchés à la couronne de France. Bienfaisant, bonhomme, magnifique, Stanislas Leczinski, gérant royal pour le compte de son gendre Louis XV, sut ouvrir habilement les voies au régime nouveau et y prédisposer sympathiquement les esprits.

« La Marseillaise » — d'après GUSTAVE DORÉ

LA FRANCE

BEAUCOUP plus tard, dans un moment de bonne
humeur ou de franchise, M. de Bismarck devait
dire au colonel Stoffel, l'attaché militaire de
France à Berlin : « Les Romains sont arrivés chez nous
près d'un siècle plus tard que chez vous : c'est un
retard de cent ans que nous n'avons jamais rattrapé ! »
Ce mot du chancelier, qui peut prêter à tant d'appli-
cations actuelles, éclairerait déjà d'une vive lumière
la situation de l'Alsace et de la Lorraine, à l'heure
où elles passèrent du Saint-Empire à la France.

Tandis que l'Allemagne était encore embarrassée
dans les subtilités territoriales et administratives de
la féodalité, la France vivait *une*, sous une autorité
unique. Diffus et vacillant parmi ses formules vieil-
lottes, le Saint-Empire avait été incapable d'assurer
l'équilibre et la paix aux populations de ses confins
occidentaux ; l'Alsace, particulièrement, était sortie
de la guerre de Trente ans épuisée et comme pante-
lante. Une administration régulière et juste, la sécu-

rité du lendemain : autant d'avantages inconnus jusqu'ici dans tout ce pays mosellan, vosgien, rhénan, et que la France lui apportait enfin. Comparées à l'état du monde d'alors et surtout au chaos germanique, l'unité, la personnalité de la France n'étaient pas de vains mots, et ces populations, qui avaient déjà tant d'affinités ethniques, morales, historiques avec elle, devaient être, fatalement, attirées par cet éclat et reconnaissantes de ces bienfaits. D'une agglomération d'*Allemagnes* sans homogénéité (on employait alors volontiers ce pluriel très significatif), l'Alsace et la Lorraine tombaient d'elles-mêmes, si l'on peut dire, dans l'unité française déjà fortement constituée, et cela juste à temps pour vivre dans la famille française les grandes époques où s'affirma le plus passionnément la conscience nationale : le siècle de Louis XIV, la Révolution, le dix-neuvième siècle.

Sous la monarchie (dix-septième et dix-huitième siècles). Les représentants du roi. La politique de la France.

Dès le lendemain de ces réunions, les représentants du pouvoir royal ont bien travaillé pour l'Alsace, pour la Lorraine et pour la France. Ils s'appliquèrent, certes, à asseoir l'autorité du roi, mais ils eurent « la manière ».

Les Intendants, agents directs du gouvernement au point de vue administratif, — les Colbert de Croissy, les de La Grange, les d'Angervilliers, les de la Galaizière, les de la Goupillière, — surent habilement reconnaître, favoriser, accentuer peu à peu tout ce qui, dans l'esprit et les mœurs de leurs administrés, devait rendre plus facile et plus sûre l'œuvre d'assimilation, sans y mettre de précipitation vexatoire : l'essentiel était, pour le roi, que sa souveraineté fût reconnue ; ils pouvaient, ce principe sauvegardé, laisser aux populations beaucoup de libertés, ne point violenter leurs habitudes, respecter leurs traditions et leurs dialectes, et ils avaient, au surplus, assez d'autorité pour les défendre (de La Grange, par exemple, et d'Angervilliers) contre les suppléments d'impôts qui auraient « excédé leur force et leur juste portée ».

L'autorité royale se manifestait en outre, on le sait, sous la forme judiciaire : selon la tradition, dans tout pays nouvellement réuni, la loi de France, c'était le roi de France. Les magistrats qui vinrent siéger en Alsace au nom du roi, furent le symbole vivant du pouvoir royal sur ses nouveaux sujets, et ceux-ci apprécièrent rapidement une justice plus haute et plus régulière, fondée sur des principes plus fixes, qui mettait fin à l'anarchie des mille « droits de haute et basse justice » exercés par les seigneurs du pays : « ce qu'il faut tout particulièrement louer dans les tribunaux français, écrit, en 1710, un Alsacien qui n'était pourtant point partisan du régime nouveau, c'est que les procès n'y durent pas longtemps et que les frais n'y sont pas considérables, l'on n'y regarde aucunement à la situation des plaideurs et l'on y voit tout aussi souvent le sujet gagner son procès contre son seigneur, le pauvre contre le riche, le laïque contre un clerc, le chrétien contre le juif, que *vice versa*. » Parmi ces Conseillers du roi figura (au Conseil de Brisach, d'abord, puis au Parlement de Metz) le père de Bossuet, qui lui-même fut archidiacre à Metz et préluda, dans la chaire de l'église Saint-Maximin, à sa glorieuse carrière.

Cette action officielle et méthodique de l'administrateur et du magistrat, d'autres hommes contribuaient grandement à l'étendre par le prestige de leur personne, de leur charge, de leur rôle dans le pays : tel le cardinal Armand-Gaston de Rohan, un des plus illustres personnages de la cour de France, et des plus séduisants (« enchanteur aimable », « le plus beau prélat du monde », « un regard qui ne lui coûtait rien était une politesse », disaient de lui ses contemporains, avec des grâces de langage dignes du modèle...), qui régna en grand seigneur sur l'évêché de Strasbourg pendant plus de quarante ans, et qui fit de son château de Saverne un séjour magnifique, petit Versailles que venait visiter le tout Versailles, objet de curiosité et d'attrait pour la région entière ; tels, en Alsace encore, le maréchal de Broglie, ou, à Metz, le maréchal de Belle-Isle, gouverneur, et le duc de Coislin, évêque, grands bâtisseurs par qui le pays fut transformé, prit, comme par enchantement, un élégant et somptueux aspect de France du dix-huitième siècle ; tels ces artistes auxquels ils confièrent la réalisation de leurs brillants desseins, les Blondel, les Massol, les Robert de Cotte ; tels ces ingénieurs qui, au début du règne de Louis XV, jetèrent par-dessus les Vosges la fameuse chaussée de Phalsbourg à Saverne : chef-d'œuvre de l'art des routes, fort à la mode parmi les contemporaines (elles portèrent des chaînes en spirales « *à la montée de Saverne* ») et qui fait encore aujourd'hui l'admiration des techniciens.

« La grandeur du Sujet annonçait la Majesté du Souverain », avait écrit un admirateur de Rohan. Ainsi, l'importance de ces réformes, la grandeur de ces travaux annonçaient la majesté de la France, et les Alsaciens éprouvaient la fierté de ce progrès, grâce auquel, perdus hier dans le morcellement anarchique d'un régime périmé, ils participaient soudain à l'ordre français, rattrapant d'un coup ces cent ans de civilisation dont parlera Bismarck.

On ne s'étonne point, dans ces conditions, que, dès le dix-huitième siècle, l'esprit de la France ait inspiré, en Alsace et en Lorraine, des savants, des historiens, des littérateurs, les deux de Lacretelle, de Metz, Pfeffel, le poète aveugle de Colmar, Andrieux, le fabuliste, qui fut membre de l'Académie française, Schœpflin, l'auteur de l'*Alsace illustrée* et de l'*Alsace diplomatique*, Grandidier, l'historien de la cathédrale et de l'évêché de Strasbourg, Oberlin, le célèbre pasteur qui « civilisa » le pays de Rothau.

La France, chaque jour davantage, gagnait à elle les cœurs. Aussi, quand Louis XV, pendant la guerre de la succession d'Autriche vint prendre la direction des opérations militaires et délivrer le pays de la terreur des Pandours, l'enthousiasme populaire donna-t-il à cette apparition du roi en Alsace le caractère d'un triomphe ; et, en 1781, au cours des fêtes par lesquelles Strasbourg célébra le centenaire de sa réunion à la France, le *Magistrat* (la Municipalité) tint à « témoigner publiquement la reconnaissance et l'attachement » de « tous les ordres et citoyens de la ville de Strasbourg », qui, depuis cent ans, ajoutait-il, « jouissent sous la domination de la France d'une tranquillité et d'un bonheur inconnus à leurs ancêtres ».

: : La Révolution et l'Empire. : : La fusion nationale. Le patriotisme : de l'Alsace et de la Lorraine. :

L'Alsace et la Lorraine étaient prêtes pour la grande unification nationale que fut la Révolution. L'assimilation devint fusion, et le loyalisme, patriotisme.

Par les élections de l'Assemblée Nationale, par la Fédération du 14 juillet 1790, les Alsaciens et les Lorrains exprimaient leur volonté de constituer, avec tous les autres Français, la Nation française, « une et indivisible », comme on dira bientôt. Merlin de Douai peut proclamer, dans la séance de l'Assemblée du 28 octobre 1790, que le temps n'est plus, quoique proche encore, « où les rois habiles à profiter du titre de *pasteur des peuples* que leur donnent dans un autre sens les livres sacrés, disposaient en vrais propriétaires de ce qu'ils appelaient leurs *troupeaux* »

que « le peuple alsacien a manifesté clairement, l'année
dernière, le vœu d'être uni à la France, » que « sa
volonté seule a couronné ou légitimé l'union », qu'il
est devenu français « parce qu'il l'a bien voulu » ; et,
de son côté, la ville de Metz envoie à l'Assemblée une
adresse par laquelle elle déclare lui « faire hommage
d'un souvenir cher à tous les cœurs messins, celui de
l'ancienne constitution dont leur cité a joui, constitution libre, républicaine, pendant laquelle les Messins
ont contracté des alliances avec de grands peuples
et ont eu des souverains à leur solde », ajoutant « que
la constitution nouvelle ne leur laisse rien à regretter
dans l'ancienne existence de la République, et qu'au
contraire leurs pères seraient jaloux de leur bonheur,
s'il leur était possible de le contempler ».

L' « existence » nouvelle, ce serait, demain, la suppression de tout ce qui restait encore des inégalités
personnelles et des complexités territoriales d'autrefois : plus d'Alsace, plus de Lorraine, plus de « Dix
villes impériales », plus de comté de Hanau-Lichtenberg, plus de seigneurie de Ferrette ou d'ailleurs, plus
de prince-évêque, plus de petits souverains intermé-
diaires, ruineux, à demi étrangers, qui empêchaient
parfois de voir la France, comme les arbres empêchent
de voir la forêt ; mais une organisation identique pour
le pays tout entier, les *départements* remplaçant et
unifiant le passé : Haut-Rhin, Bas-Rhin, Meurthe,
Moselle, Meuse, Vosges, et tous les Français *citoyens*,
non plus *sujets*.

Ils participèrent de tout leur cœur, ces citoyens
d'Alsace et de Lorraine, à la vie révolutionnaire du
pays. Ils avaient toujours été, par tempérament, des
démocrates, et ils fournirent à la Révolution des
hommes qui comptent parmi ses plus ardents et ses
plus utiles serviteurs : Reubell, avocat au Conseil Souverain de Colmar avant la Révolution, qui fut membre
de la Constituante, de la Convention, des Cinq-Cents,
puis un des cinq « Directeurs » et le véritable ministre
des Affaires Étrangères de ce gouvernement, « la forte

tête du Directoire », comme l'appelait Barras ; Arbogast, professeur de mathématiques à l'École Militaire de Strasbourg, président du Comité de l'Instruction Publique à l'Assemblée Législative, et, plus tard, comme conventionnel, auteur du célèbre *Rapport sur l'Uniformité et le Système des Poids et Mesures* (Système métrique) ; Koch, professeur de droit public à Strasbourg, membre du Comité diplomatique de la Législative ; Emmery, constituant, un des auteurs du Code civil au Conseil d'État de l'Empire ; et Bouchotte, de Metz, le ministre de la guerre de la Convention, l'homme « considérablement laborieux » (disait de lui Barère, au nom du Comité de Salut Public), qui, en quelques mois, créa onze armées ; et Merlin de Thionville, commissaire de la Convention aux armées du Rhin, le défenseur de Mayence ; et Dentzel, conventionnel également, ex-combattant de l'Indépendance en Amérique, pasteur qui devint général ; et tant d'autres...

Aussi bien n'est-ce point le lieu de passer en revue, incident par incident, les luttes qui agitèrent pendant cette période les départements de l'Est : elles furent les mêmes, autour des mêmes questions, des mêmes idées, de la même terminologie, que dans le reste de la France, et cette identité démontrerait à elle seule, s'il en était besoin, que l'Alsace et la Lorraine faisaient, dès lors, partie intégrante de la nation.

Du moins deux remarques s'imposent-elles, si l'on veut préciser la physionomie de l'Alsace dans le grand bouleversement de cette époque.

C'est, d'abord, que l'esprit révolutionnaire, chez ces populations si attachées à la Révolution, ne fut jamais « terroriste » : leur pondération naturelle les gardait de certains excès, et il fallut, pour y pousser les passions au paroxysme, l'influence d'excitateurs venus du dehors, dont le plus notoire, Euloge Schneider le guillotineur, était un moine allemand défroqué, récemment arrivé d'outre-Rhin.

Et c'est, ensuite, qu'à la manifestation, même violente, de ces opinions, même opposées, il ne se mêla *jamais la moindre tendance séparaliste*. Au contraire, de par leur situation à l'extrémité du royaume, les Alsaciens et les Lorrains pressentaient plus sûrement l'hostilité latente de l'étranger, s'inquiétaient d'un émoi plus vif à toute démarche, à toute tentative qui prenait figure de compromission avec lui, et, par une réaction naturelle, se redressaient d'autant plus fièrement dans leur jeune dignité de Français libres : à Metz, où commandait Bouillé lors de la fuite du roi à laquelle il devait prêter le concours de ses troupes, « l'indignation contre sa conduite est au comble, dans cette ville où le patriotisme est une passion » ; à Strasbourg, quand s'y rencontrèrent pour une réunion solennelle, au mois de juin 1790, les gardes nationales d'Alsace, de Lorraine et de Franche-Comté, le maire, Frédéric de Dietrich, tint à recevoir solennellement sur la plateforme de la cathédrale les premiers drapeaux tricolores déployés à Strasbourg, et « ce spectacle, vu des rives opposées du Rhin », dit le procès-verbal de la cérémonie, « apprenait à l'Allemagne que l'empire de la liberté est fondé en France ».

L'Alsace et la guerre révolutionnaire.

Une situation particulière à l'Alsace contribua, plus que toute autre circonstance, à précipiter la différenciation entre l'Alsacien et l'Allemand, à fixer, morale et physique, la frontière.

Dans le mouvement formidable qui emportait le passé, les enchevêtrements de territoires ou d'autorités n'étaient plus possibles, il n'y avait plus de place dans la Nation pour des nationalités incertaines, ressortissantes mi-partie, suivant les jours et les affaires, à la rive gauche et à la rive droite du Rhin. Le Saint-Empire resterait, s'il lui plaisait, une survivance de la féodalité, mais il ne pouvait plus avoir de vassaux

en France, puisqu'en France il n'y avait plus de vassaux.

Or, certains princes allemands (ou français dépendant de l'Empire pour une partie de leurs fiefs) ré-
gnaient en suzerains sur des territoires alsaciens, et
ces « princes possessionnés », comme on les appelait,
ne voulurent pas accepter les décrets du 4 août,
l'abandon des privilèges, les principes du droit nouveau créé d'enthousiasme, ce jour-là, par l'Assemblée
Nationale. Ils réclamèrent au roi, ils réclamèrent à
l'Empire, ne cachant guère leur hostilité à la Révolution, favorisant partout l'agitation contre-révolu-
tionnaire, soutenus d'ailleurs par le roi de Prusse
qui les excitait à se montrer intransigeants envers
le gouvernement français.

L'affaire échauffait les esprits en Alsace : les Alsaciens voyaient de près ces manœuvres ; l'objet du li-
tige, c'était des parcelles de leur sol ; les « droits » en
question, c'était eux qui en souffraient ; c'est en Alsace
que se répandaient d'abord, c'est par l'Alsace que
cherchaient à se répandre dans toute la France les
libelles imprimés de l'autre côté du Rhin, à Kehl, à
Offenburg, à Ettenheim, par lesquels les princes
tentaient d'agir sur l'opinion : mille petits faits de
chaque jour, qui exaspéraient peu à peu la susceptibilité patriotique des Alsaciens.

Aussi, quand, de protestations en protestations et
d'incidents en incidents, la querelle se fut envenimée,
que l'avènement de François II à l'Empire fit s'éva-
nouir les dernières chances de conciliation, et qu'enfin
la guerre éclata, le 20 avril 1792, c'est à Strasbourg,
dans la fièvre des premiers jours, que fut composé à
l'instigation du maire Dietrich et chanté chez lui
pour la première fois ce *Chant de Guerre pour l'Armée
du Rhin* qui allait devenir la *Marseillaise* ; et, de toutes
ces villes, de tous ces villages d'Alsace et de Lorraine,
des hommes partirent, qui furent les soldats de la
Révolution, et ses généraux. Depuis Wissembourg
repris et Landau débloqué en 1793, jusqu'aux der-

niers coups de feu dans les défilés des Vosges en 1814 et 1815, on sait comment ces Alsaciens et ces Lorrains surent affirmer, pour la liberté, contre les *Kaiserlicks*, leur qualité de Français : Kléber, Kellermann, de Strasbourg, Rapp, de Colmar, Lefébvre, de Rouffach, Ney, de Sarrelouis, Custine, Lasalle, Richepance, de Metz, Molitor, de Hayange, Mouton, de Phals-bourg, Éblé, de Saint-Jean-de-Rohrbach, et Nicolas Koechlin avec la garde nationale de Mulhouse, et les corps francs des frères Brice, de Lorquin, ou ceux de Nicolas Wolff, de Rothau.

La fin de l'épopée laissa l'Alsace et la Lorraine presque intactes. L'Alsace s'était accrue, en 1798, dans les conditions qu'on verra plus loin, de la ville de Mulhouse, République suisse jusqu'alors enclavée dans son territoire ; mais elle perdit, en 1814, l'arron-dissement de Délémont, dans le Haut-Rhin, et une partie de celui de Landau, dans le Bas-Rhin, puis, en 1815, Landau même, tandis que la Lorraine (dé-partement de la Moselle) perdait Sarrelouis. Prélè-vements de territoire préjudiciables, sans aucun doute; mais de diminution dans l'héritage moral de la géné-ration révolutionnaire, aucune : l'Alsace et la Lorraine étaient françaises, et le restèrent, simplement, vivant chaque jour davantage la vie nationale.

: : : Le XIXᵉ siècle. : : :

*La vie politique ; le libéralisme
de l'Alsace et de la Lorraine.*

Au cours du dix-neuvième siècle, la participation au gouvernement d'hommes politiques originaires d'Alsace et de Lorraine souligna cette intimité. On pourrait rappeler ici que Barbé-Marbois, de Metz, fut ministre sous le Premier Empire ; que M. de Serre, le célèbre orateur, ancien élève de l'école d'artillerie de Metz, ancien avocat à Metz, puis, premier président à Colmar, fut président de la Chambre, garde des sceaux et ambassadeur sous la Restauration ; que Humann, de Strasbourg, et le général Schneider, de Sarre-Union, furent ministres, l'un des finances, l'autre de la guerre, sous la Monarchie de Juillet, Chevandier de Valdrôme, ministre de l'intérieur sous le Second Empire ; que le général Atthalin, de Colmar, fut chargé par Louis-Philippe de notifier son avènement au czar, et qu'Eugène Schneider, le président du Corps Législatif de Napoléon III, était originaire de l'arrondissement de Château-Salins

Intimité qu'illustraient par ailleurs de brillants faits divers. Ainsi ce voyage de Charles X en 1828, qui laissa derrière lui comme une traînée de légendes : beaucoup d'Alsaciens d'aujourd'hui en conservent encore des souvenirs traditionnellement transmis, le grand-père qui s'en fut, curieux et trépidant, jusqu'au haut de la *Côte* de Phalsbourg pour voir arriver le cortège, ou quelque aïeule qui, à cette occasion, dansa à la sous-préfecture, et le maire de la petite ville recevant, en remerciement des honneurs rendus au roi, une belle vaisselle imagée qu'on montre toujours dans la famille. Le projet de cette tournée royale avait été, d'après certains historiens, inspiré au gouvernement par le désir de ranimer la popularité de Charles X, et il n'est pas sans intérêt de constater qu'on avait choisi l'Alsace à cet effet : le roi représentait la France, et l'Alsace le reçut avec enthousiasme.

Mais quelques noms de ministres ne sont pas toute la vie politique d'un pays, et de manifestations officielles autour d'un voyage princier on ne saurait tirer des conclusions très rigoureuses. D'autres faits, qui n'offrent certes point le même sens de loyalisme quant au régime, ne sont pas des témoignages moins précis et moins sûrs au point de vue national.

Au contraire, en affirmant à plusieurs reprises au cours du dix-neuvième siècle leur *tradition libérale*, l'Alsace et la Lorraine concouraient d'un même rythme au mouvement général qui entraînait la

France. Elles furent parmi les provinces françaises
où souffla le plus vivement, sous la Restauration, cet
esprit d'opposition à la fois républicaine et bona-
partiste, qui était encore l'esprit de la Révolution.
Un préfet du Haut-Rhin écrivait, en parlant de ses
administrés : « Tous sont soumis, mais aucun n'est
royaliste. » Jacques Koechlin, qui, lui, n'était pas
plus soumis que royaliste, se faisait construire, à
Mulhouse, une maison, qui existe encore, sur le modèle
de la maison de Napoléon à Sainte-Hélène ; et, en
vérité, quand éclata la conspiration de Belfort, le
1er janvier 1822, il y avait quelques raisons pour que
la nouvelle ne le surprît guère. Les noms les plus
illustres du libéralisme représentèrent alors l'Alsace
et la Lorraine à la Chambre : Benjamin Constant,
député du Bas-Rhin, Georges Lafayette, fils du
général, député du Haut-Rhin, auxquels d'autres
se joignent, qui étaient également significatifs pour
les contemporains : Jacques Koechlin, Voyer d'Ar-
genson pour le Haut-Rhin, M. de Serre pour la Moselle.

L'industrie mulhousienne jouait sa partie dans ce
concert d'oppositions : on imprimait des mouchoirs
bonapartistes, appelés *mouchoirs apothéose*, qui se col-
portaient subrepticement, les jours de marché, à
Thann, à Saint-Amarin, à Wesserling, dans tout le
pays ; dessinés parfois en manière de « devinettes »
difficiles à déchiffrer, les mêmes motifs, symboliques
et séditieux, se répétaient sur toute la surface du carré
d'étoffe : le petit chapeau de l'Empereur, des violettes
aux larges pétales, Sainte-Hélène émergeant des
flots, puis, plus tard, un saule pleureur, au bord du
tombeau.

Peu après la Révolution de Juillet, l'*Association
Nationale* qui se forma à Paris dans le dessein de
s'opposer à tout retour éventuel des Bourbons, et,
plus généralement, à toute politique de réaction,
n'était que le développement d'un plan conçu et déjà
réalisé en partie à Metz, par quelques bourgeois et

magistrats du pays, Bouchotte, le maire (neveu du ministre de la guerrre de la Convention), Charpentier, président de la Cour royale, Woirhaye, avocat général, d'autres encore, conseillers municipaux, officiers de la garde nationale ; Bouchotte et Woirhaye furent même destitués à cette occasion. et Louis-Philippe, au cours de sa promenade de joyeux avènement dans les départements de l'Est, recueillit à Metz les échos du mécontentement provoqué par cette mesure.

Même la tentative de Louis-Napoléon à Strasbourg en 1836 ne fut pas, semble-t-il, sans rencontrer quelque faveur secrète chez lez vieux républicains strasbourgeois : si le mouvement réussissait, c'était la substitution des Bonaparte aux d'Orléans, et, en face d'une dynastie antérévolutionnaire, qu'elle fût de la branche aînée ou de la branche cadette, le souvenir de Napoléon leur demeurait sympathique. Plus tard, au contraire, quand ce nom eut changé de sens, plus d'une ville d'Alsace se glorifia d'avoir « voté Cavaignac », comme on disait là-bas, et, à Mulhouse, à Colmar, à Phalsbourg, en 1850, le prince-président entendit sur son passage des cris de « Vive la République ! » si nombreux, si nourris, si bruyants, qu'il en garda, dit-on, le souvenir désagréable d'une critique préventive trop clairvoyante...

Sans rappeler tous les événements auxquels ils furent mêlés, on peut dire que des hommes comme Émile Dollfus et comme Struch, les tenaces adversaires de Guizot, comme Gloxin, comme Martin de Strasbourg, comme le docteur Jaeuger et le docteur Kuss (celui-ci futur maire de Strasbourg en 1870), poursuivis tous deux pour manifestations « rouges » en 1849, comme Edmond Valentin, proscrit de 1851 (le futur préfet du Bas-Rhin au 4 septembre), comme les Chauffour, de Colmar, comme Ch. Kestner, de Thann, et ses gendres : le colonel Charras, Risler Scheurer-Kestner, Victor Chauffour, Ch. Floquet, tous ces noms jalonnent avec précision la route que continua de suivre jusqu'en 1870 l'esprit libéral alsacien.

Et dans cette atmosphère naissaient, comme dans le milieu le plus favorable à leur développement, des œuvres, des initiatives que dominaient les mêmes principes et qu'inspiraient les mêmes sentiments : par exemple, *l'Essai historique et moral sur la pauvreté des Nations*, du docteur Foderé, maire de Strasbourg, *l'Essai sur l'Education populaire*, de Joseph Willm, et cette Ligue de l'Enseignement, fondée et organisée par Jean Macé, alors qu'il était professeur dans un pensionnat de Beblenheim, près de Colmar, et ce vaste pétitionnement en faveur de l'instruction obligatoire, qui fut entrepris par quelques Strasbourgeois peu de semaines avant la guerre de 1870 et qui recueillit aussitôt 250.000 signatures.

A peine est-il besoin de noter, ici encore, que jamais dans les agitations politiques, même les plus vives, que nous venons de rappeler, le moindre regret n'apparut de la vie commune avec la France, que jamais l'opposition ne put être interprétée comme une tendance, même vague, ou déguisée, au séparatisme, au particularisme, à l'autonomie ; 1848, l'année de la deuxième République, fut en même temps le deux-centième anniversaire de la réunion de l'Alsace, et, au cours des fêtes solennelles qui furent célébrées à cette occasion, les Alsaciens, par la voix de leurs municipalités, de leurs gardes nationales, de leurs journaux, proclamèrent leur « inviolable attachement » à la France, le caractère « chimérique » des « illusions de l'Allemagne », si elle croit trouver « dans la persistance de la langue allemande au sein de nos campagnes » un signe d' « attraction vers elle », car « l'Alsace est aussi française que la Bretagne, la Flandre ou le pays des Basques », et « elle veut le rester », heureuse et fière « d'appartenir à la grande nation d'où jaillit la liberté sur l'Europe entière ».

La vie intellectuelle.

La vie intellectuelle de l'Alsace et de la Lorraine n'assurait pas d'un lien moins fort leur intime cohésion avec le reste de la nation. Parler d' « apports » faits à la France par l'Alsace ou de colonisation « culturelle » de l'Alsace par la France, serait également impropre, ou insuffisant. De ces provinces extrêmes au centre de la France et *vice versa*, ce fu comme on va le voir, une admirable *interpénétration* . rien d'étranger ne séparait les éléments en présence ; ils n'étaient que des aspects divers du génie national.

Les Facultés de Strasbourg jouissaient d'un grand et légitime renom. Il arrivait, certes, que Paris y envoyât, par le jeu normal d'un « mouvement » universitaire, des hommes nés et formés ailleurs, mais Strasbourg, aujourd'hui encore, s'enorgueillit du souvenir de tels hôtes : Pasteur vécut à la Faculté des Sciences quelques-unes des années les plus fécondes de sa carrière, et c'est à la Faculté des Lettres, où, déjà, l'abbé Bautain avait attiré naguère l'attention publique, que Fustel de Coulanges professa, avant de le publier, son cours sur la *Cité Antique*.

D'autres qui, eux, étaient du pays, traçaient en même temps leur sillon. Aubry et Rau, tous deux professeurs à la Faculté de Droit, et tous deux Bas-Rhinois, élaboraient ce *Cours de Droit Civil*, qui devint également classique. Par leur labeur passionné, par l'importance de leurs travaux, Éd. Reuss, le grand exégète, Ch. Schmidt, Lichtenberger, étendaient sur le monde protestant tout entier l'autorité de la Faculté de théologie. La Faculté de médecine était particulièrement florissante ; la plupart de ses professeurs et agrégés furent des maîtres : Stoltz, Hirtz Hergott, Ritter, Bernheim, Bœckel, Schutzenberger ; et c'est l'un d'eux, le célèbre chirurgien Kœberlé, qui créa l'ovariotomie. A l'éclat de ce monde médical strasbourgeois l'École de Santé militaire vint ajouter encore un nouveau lustre : pendant des années, tous les futurs *majors* de l'armée française ont passé par Strasbourg. Ailleurs, sans doute, à Colmar, à Metz, point de Facultés. Mais Colmar et Metz avaient chacune sa Cour d'appel, ses magistrats, petite noblesse ou bourgeoisie de robe, enracinée au sol, traditionnellement rompue aux humanités, toute une société très lettrée, à la française : les de Golbéry, les Rossée, les de Gérando, les Poulet, les Huot, les Cotelle, les Pidancet. Et Metz, de son côté, avait aussi son École, l'École d'application, par où passaient joyeusement, au sortir de l'École Polytechnique, tous les futurs officiers de l'artillerie et du génie, où professaient des hommes dont la renommée ne se limitait point à leur auditoire de sous-lieutenants-élèves, le général Poncelet, le général Didion, tous deux de l'Académie des Sciences, et tous deux Lorrains. Ces institutions, on le voit, n'étaient pas extérieures au pays. Elles faisaient corps avec lui. Leur prestige attirait les jeunes ambitions provinciales : comme on devenait médecin ou « théologien » dans les familles de Strasbourg, on devenait magistrat ou avocat à Colmar, à Metz officier d'artillerie...

D'autres, enfin, s'en étaient allés vers la capitale, ambitieux d'une renommée sans limites, et, par leurs services, par leurs talents, pour plusieurs on peut dire par leur gloire, ce fut, cette fois, l'extrême province qui rayonna sur Paris, d'un rayonnement merveilleusement divers : des « scientifiques », Ch. Hermite, le grand mathématicien, Daubrée, le géologue, Wurtz, Friedel, les chimistes ; des médecins, comme Germain Sée, comme Michel Lévy, directeur du Val-de-Grâce ; des professeurs, comme Constant Martha, de la Sorbonne, et ce doyen Himly qui présida longtemps aux destinées de la Faculté des Lettres de Paris ; Nefftzer, le fondateur du *Temps ;* Mgr Freppel, l'évêque-député d'Angers ; Rothan, diplomate et historien ; Paul Verlaine, le douloureux poète ; Gus-

tave Doré, l'illustrateur de *L'Enfer* ; et, plus vivants
encore dans le souvenir de tous, Erckmann-Chatrian,
les romanciers de *l'Invasion*, de *Madame Thérèse*, de
l'Ami Fritz, Ambroise Thomas, le compositeur de
Mignon, Alfred Mézières, professeur, journaliste,
sénateur, académicien, Aug. Bartholdi, le sculpteur
du *Lion de Belfort* et de la *Liberté éclairant le Monde*,
et Edmond About, et J.-J. Henner : réputations
parisiennes, gloires nationales..., mais la sève de leur
origine continuait de palpiter en eux, Erckmann ou
Mézières, Ambroise Thomas ou Bartholdi ne furent
jamais des Phalsbourgeois, des Messins, des Colma-
riens complètement déracinés, Henner aimait à por-
traiturer, au village natal, dans son atelier de vacan-
ces, les paysans de Bernwiller, ses frères, et Edmond
About qui, de la Schlittenbach, près de Saverne,
écrivait, agissait, polémiquait, ne se consola jamais,
plus tard, de sa petite maison perdue.

La vie économique.

Au point de vue économique, enfin, l'Alsace et la
Lorraine se confondaient tout aussi intimement dans
la vie française qu'au point de vue politique et intellectuel.

L'industrie et le commerce y ont grandi avec la
France même. Quelques noms, quelques souvenirs
historiques trouveraient ici leur place : mêlés aux faits
d'ordre économique, ils marquent curieusement le lien
entre toutes les manifestations de l'activité nationale
en Alsace et en Lorraine. Dès le dix-septième siècle,
lorsque Louis XIV eut fait don à Mazarin de quelques
seigneuries de la haute Alsace pour le récompenser
du traité des Pyrénées, le cardinal fit fructifier la
reconnaissance royale, il releva une ancienne forge
ruinée qui se trouvait dans ses nouveaux domaines
de Belfort et qui fut, depuis, pendant de longues
années, exploitée par ses héritiers ; au dix-huitième

siècle, c'est à la famille du maire de Strasbourg, le
Dietrich de la *Marseillaise*, — auteur lui-même d'une
importante *Description des gîtes de minerai dans la
Haute et Basse-Alsace*, — qu'est dû le développement
considérable des établissements métallurgiques de
Niederbronn ; la faïencerie artistique de Niderviller,
près de Sarrebourg, appartenait aux comtes de Custine, dont le général révolutionnaire de ce nom fut
le dernier descendant ; et, plus tard, au dix-neuvième
siècle, la prospérité des verreries de Saint-Quirin
contribua à la fortune politique de Chevandier de
Valdrôme. Les faïenceries de Sarreguemines ou les
mines de Bouxwiller, les forges de Hayange et de
Moyeuvre, les manufactures d'armes de Klingenthal
et de Mutzig, les ateliers de photographie de Dornach
ou les salines de Dieuze, les tanneries du Wacken, les
chapeaux de Sarre-Union ou la quincaillerie du Zorn-
hof, les verreries de Vallérystal ou les draperies de
Bischwiller, presque toutes les localités du pays re-
nommées par leurs produits et leurs « marques » ont
acquis cette célébrité, au cours du dix-huitième ou
du dix-neuvième siècle, sous l'égide de la France.

Dans ce magnifique développement industriel de
l'Alsace et de la Lorraine françaises, Mulhouse s'était
fait une place éminente et comme représentative de
cette heureuse activité. Par ses hommes, par la lar-
geur de leurs vues où le respect de la tradition ne
nuisait en rien à la passion du progrès, par ses institutions professionnelles et sociales, elle fut la cité
industrielle-type.

Mulhouse ne faisait partie de l'Alsace que terri-
torialement, petite République alliée à la Confédération helvétique, enclave suisse sur le sol alsacien, lorsqu'en 1746, J.-J. Schmaltzer, négociant, J.-H. Dollfus, peintre, et Samuel Koechlin, le « capitaliste » de
l'affaire, formèrent cette association pour la fabrica-
tion de toiles peintes, dites *indiennes*, qui fut, en
vérité, l'acte de fondation de l'industrie mulhousienne.
Le succès de cette entreprise suscita aussitôt d'autres

entreprises analogues. Mais Mulhouse n'était encore qu'une petite ville, à laquelle sa situation d'enclave interdisait l'espoir des grands développements. Le jour où, dans le bouleversement révolutionnaire, elle sollicita et obtint d'être réunie à la « Grande Nation » (1798), ce jour marqua pour Mulhouse, désormais affranchie de ses lisières, le début d'une ère nouvelle et d'une prospérité infinie.

Elle avait commencé, elle continua d'essaimer dans toute la région (Massevaux, Sainte-Marie-aux-Mines, Wesserling, Thann, Guebwiller, etc.) ; surtout, elle poursuivit, ambitieuse et logique, le grand dessein de se suffire à soi-même : l'industrie mulhousienne ne se contenta pas d'imprimer ses étoffes, elle voulut produire aussi l'étoffe sur laquelle elle imprimait, les couleurs qui servaient à l'impression, les machines pour fabriquer l'étoffe. En 1870, ses filatures représentaient près de 500.000 broches, les impressions produisaient 63 millions de mètres, la construction des machines faisait un chiffre de 10 millions d'affaires, et la ville comptait 70.000 habitants au lieu de 6.000 en 1798, lors de sa réunion à la France.

Et ces industriels mulhousiens n'étaient pas hommes à se contenter de succès présents et de satisfactions égoïstes. Ils regardaient plus loin qu'eux-mêmes : *autour d'eux :* leurs ouvriers, pour lesquels, précurseurs généreux, à une époque où de telles préoccupations se faisaient à peine jour dans l'esprit public, ils créaient des Cités ouvrières, des Cours populaires, des Bibliothèques communales, des Jardins d'enfants, une Association préventive des accidents de fabrique, un Cercle ouvrier, un Crédit populaire, etc. ; *après eux :* l'avenir et le progrès, d'où la fondation, dès 1825, de leur admirable Société Industrielle, centre d'information et d'action où le travail est judicieusement divisé (Comité de Chimie, Comité de Mécanique, Comité de Commerce, Comité d'Histoire, etc.), grâce auquel bien des idées ont pris corps, bien des efforts ont donné leur plein rendement, bonnes volontés qui, sans ce « levier », seraient demeurées latentes, belles idées fugaces comme la minute qui les voit naître... ; d'où, encore, cette ardeur aux innovations qui leur fit adopter, dès le premier jour, l'invention naissante des chemins de fer : Nicolas Kœchlin et ses frères entreprenaient à leurs risques et périls, tandis qu'il n'y avait encore que deux ou trois petites lignes en France, la construction de celles de Mulhouse à Thann (inaugurée en 1839) et de Strasbourg à Bâle (inaugurée en 1841). Leur action dépassait ainsi leur province. Ils avaient un rôle national...

On pourrait ajouter encore plus d'un trait à ce tableau, multiplier les faits de tout ordre, rappeler les grands travaux par lesquels se resserrèrent, au cours du dix-neuvième siècle, les relations économiques avec les départements de l'Est (canal du Rhône au Rhin, canal de la Marne au Rhin, voie ferrée de Paris à Strasbourg), rappeler la carrière de Jean Dollfus, de Mulhouse, qui soutint, à la veille du Second Empire, d'éloquentes controverses avec M. Thiers sur la politique économique de la France et qui fut sans doute un des instigateurs du « coup d'État » libre-échangiste de 1860 : tout indiquait, dans ce domaine, comme dans tous les autres, l'intime fusion de l'Alsace et de la Lorraine avec la France et la persistance du vouloir-vivre en commun.

DEPUIS 1870

La guerre ; l'invasion ;
les préliminaires de paix ;
le traité de Francfort.

Tout à coup, un jour de juillet 1870, la nouvelle
se répandit à Paris qu'un prince de Hohenzollern, cousin du roi de Prusse, acceptait la candidature au trône d'Espagne, vacant depuis la chute
de la reine Isabelle II. Que ce prince allemand devînt
roi au-delà des Pyrénées, et la France était prise
comme dans un étau entre deux branches de la famille
royale prussienne. Aussitôt, démarche du gouvernement de Napoléon III pour obtenir la renonciation
du prince, et l'incident presque réglé par le retrait
de la candidature ; puis, l'ambassadeur de France,
Benedetti, allant voir le roi Guillaume, aux eaux
d'Ems, lui demander confirmation, pour l'avenir,
de l'approbation qu'il venait de donner, pour le pré-

sent, au désistement de son cousin ; réponse du roi, correcte et même courtoise dans sa fermeté : que cette approbation a été donnée entière et sans réserve, et qu'il n'y a pas lieu, par conséquent, d'entamer de nouvelles négociations à ce sujet.

Mais Bismarck veillait. Dès qu'il en reçut la nouvelle à Berlin, il rédigea de l'audience d'Ems un compte rendu qui la déformait (la fameuse *Dépêche d'Ems*), seul compte-rendu que les gouvernements et le public en connussent alors, « communiqué » intentionnellement concis et brutal qui faisait d'un embarras diplomatique une injure nationale : «... Sa Majesté, proclamait-il *urbi et orbi*, a refusé de recevoir dorénavant l'ambassadeur français... » La Prusse, en suscitant la candidature Hohenzollern, avait provoqué la France ; mais, par une de ces manœuvres conjuguées de leur presse et de leur diplomatie où les Allemands excellent pour rejeter sur d'autres la responsabilité des conflits, c'est la France, sous le coup de l'outrage infligé à son représentant, qui se trouvait amenée à déclarer la guerre, — la guerre voulue par Bismarck dans un dessein depuis longtemps médité : unir contre un ennemi commun, dans une victoire commune, pour une conquête commune, tous les princes qui formaient alors la Confédération germanique, roi de Wurtemberg, roi de Bavière, grand-duc de Bade, roi de Saxe, etc.., et faire régner sur eux, après le triomphe et par lui, la tutelle du roi de Prusse.

...A peine les armées allemandes ont-elles remporté, sur le sol de l'Alsace, leurs premières victoires (Wissembourg, le 4 août, et Frœschwiller, le 6), qu'un ordre de cabinet du roi de Prusse, en date du 14 août, nomme un gouverneur général d'Alsace, dont le gouvernement comprendra : « le Haut-Rhin, le Bas-Rhin, et le nouveau département de la Moselle, c'est-à-dire les arrondissements de Metz, Thionville, Sarreguemines, Château-Salins et Sarrebourg. » Quand la défaite de Sedan entraîna la chute de Napoléon III et la constitution du Gouvernement de la Défense Nationale

(4 septembre 1870), Strasbourg était déjà investi et
bombardé depuis près d'un mois, et la place dut capi-
tuler le 27 septembre, malgré le courage de sa garnison, trop faible, des habitants, du général Uhrich,
gouverneur, du docteur Kuss, maire, du généreux
Edmond Valentin, qui, nommé préfet du Bas-Rhin
par le nouveau gouvernement, venait de rejoindre
son poste à travers les lignes ennemies, le canal, les
remparts sous le feu, en d'héroïques aventures où le
soutenait son ardente confiance dans la République
— la libératrice de 1792 ! Le 27 octobre, Bazaine
livrait Metz... D'autres places, Thionville, Neuf-
Brisach, Phalsbourg, Bitche, Belfort, résistèrent plus
longtemps : Belfort cent trois jours et Bitche huit
mois. Efforts vains, Paris était assiégé depuis septembre, et les armées reconstituées par le Gouvernement
de la Défense Nationale ne réussirent qu'à sauver
l'honneur.

Vers le milieu de janvier 1871, les événements se
précipitent. Le 18, à Versailles, où le roi de Prusse avait
établi son quartier général depuis l'investissement de
la capitale, les princes allemands confédérés le procla-
ment empereur d'Allemagne ; le 28, Paris capitule, un
armistice est signé : dernier acte de la victoire commune, premier acte de la paix, de *leur* paix.

Leur paix, la conquête commune également préméditée, ce serait (outre, comme on le sait, une indem-
nité de cinq milliards) l'Alsace et la Lorraine enlevées
à la France pour être « annexées » au nouvel Empire.
Personne n'en pouvait douter : avant même la conclusion de l'armistice, on connaissait, par la presse, par
des rumeurs et des notes officieuses, par des « ouver-
tures » antérieures, les conditions qui seraient impo-
sées par l'Allemand vainqueur. Depuis quelques années, — « bâtissant des abstractions sur des lettres
mortes », selon le mot d'un Alsacien d'alors, « au lieu
de venir étudier l'Alsace vivante », — les professeurs,
les journalistes allemands remuaient l'opinion, mon-
traient du doigt le Rhin, et, au-delà du Rhin, l'Alsace,

la Lorraine, pays allemands arrachés à l'Allemagne, disaient-ils, de même race, de même langue que l'Allemagne. Et cette argumentation, ils la reprirent, on le devine, avec une ardeur nouvelle et l'orgueil de la victoire. Les Français surent répondre, et, parmi eux, Fustel de Coulanges, le grand historien, qui publia, dès le mois d'octobre 1870, en réponse à Mommsen, une lumineuse et forte démonstration...

En vérité, le problème était simple.

L'histoire? On a vu plus haut ce qu'était le Saint-Empire romain germanique, très différent de la nouvelle Allemagne en formation ; par suite de quelles circonstances, normales dans les combinaisons politiques d'autrefois, l'Alsace et la Lorraine en avaient été détachées ; comment elles s'étaient attachées à la France.

L'ethnographie? La science impartiale l'a depuis longtemps reconnu : à l'origine, ces peuplades d'entre Rhin, Moselle et Vosges, étaient celtiques, c'est-à-dire gauloises, et la couche germanique ne s'y est superposée que par intermittence et par endroits, au hasard des invasions successives venues d'outre-Rhin : si les Médiomatriques, qui étaient des Celtes, se sont groupés en une agglomération qui, peu à peu, a formé la ville de Metz et le pays messin, c'est parce qu'ils ont été, — déjà ! — chassés de chez eux (d'entre la Lauter et la Moder) par des bandes suèves, et si Brocomagus (aujourd'hui : Brumath) ou Helvetus (aujourd'hui, Ehl, près de Benfeld) sont des « îlots » laissés derrière eux par quelque reflux de Triboques, c'est-à-dire de Germains, ces mouvements alternatifs d'invasion et de retraite ne sauraient effacer le caractère foncièrement celtique de la population originelle. Que les Francs, que les Alamans aient un jour foulé ce sol, dans des temps très anciens, au cours des pilleries audacieuses qui les poussaient hors de leurs territoires propres, cela ne saurait suffire pour substituer d'office et partout le Germain au Celte dans ces lointains de l'ethnographie. « *Où l'Allemand a passé, l'herbe ne pousse plus* », — vieux dicton alsacien. Parce que des Germains y ont passé, la « nationalité » germanique n'y saurait pousser davantage.

La langue, le dialecte? Mais on parle plus d'un dialecte en France, surtout dans les régions frontières ; en Suisse, on parle français, on parle allemand, on parle italien, et, pourtant, la Suisse est une, d'une unité fermement sauvegardée ; les États-Unis d'Amérique parlent anglais, et, pourtant, ils se sont séparés de l'Angleterre. Et puis, pour que l'argument eût quelque valeur, il faudrait éviter de le ruiner soi-même en étendant à l'excès ses revendications : Belfort, une partie de l'Alsace, la plus grande partie de la Lorraine ,Metz, sont de langue française.

La frontière naturelle? Argument plus nouveau : les Vosges, étant montagne, seraient vraiment une frontière, tandis que le Rhin, fleuve, ne l'est pas. Il faudrait, pourtant, ne pas oublier que le Rhin est large, violent, que, sans les ponts, il est un obstacle difficile, que le torrent sauvage qu'il fut pendant des siècles, n'a été endigué, régularisé, civilisé que sous le Second Empire, et que, d'autre part, les Vosges ne sont pas les Alpes. Du reste, ici encore, derrière la théorie, la pensée réelle apparaît : ce n'était pas reconnaître les Vosges-frontière, que de vouloir les dépasser, jusqu'au-delà de Château-Salins, de Metz, de Thionville. Les Allemands défendraient-ils le même principe, si leurs voisins s'étaient complu à le transporter symétriquement, de l'ouest à l'est du fleuve, et à revendiquer pour la France jusqu'au faîte de la Forêt-Noire?

...Non, tous ces arguments ne valaient point, ils n'étaient qu'apparences et prétextes ; la raison de toutes les raisons était autre, lointaine et toujours actuelle, atavique, mais de plus en plus opérante : le mot de Mirabeau, que « la guerre est l'industrie nationale de la Prusse », et celui de Frédéric II, le grand ancêtre, à propos de la Silésie, qu'il fallait annexer d'abord et qu'on trouverait toujours, ensuite, des théoriciens pour justifier l'annexion faite.

Qu'aux yeux des Alsaciens et des Lorrains, *le Prussien*, comme ils disaient, ait été l'ennemi, l'ennemi auquel, le connaissant mieux que quiconque, ils ne voulaient pas être « annexés » ; que la France, au contraire, ait été pour eux la Patrie, l'indiscutable Patrie : leur attitude l'allait démontrer aussitôt, puis, inlassablement, pendant plus de quarante ans. Ce n'était pas, comme deux siècles auparavant, une poussière d'États qui, une fois de plus, changeaient de suzerains une Alsace « à l'abandon » qu'on avait fini de détacher d'une Allemagne « en anarchie », selon l'expression de M. Lavisse, avec le concours d'une partie de cette Allemagne même, sans que l'Europe s'en aperçût, et sans que personne la pleurât ; maintenant, il y avait des patries et des « âmes de peuples »...

: : La protestation : :
à l'Assemblée Nationale
: : (Bordeaux 1871). : :

Quoiqu'il eût continué à assumer la charge de la Défense Nationale, le gouvernement du 4 septembre n'était point, pour traiter avec l'ennemi, une représentation régulière et autorisée du pays. Il y fallait une Assemblée Nationale.

Les élections eurent lieu au commencement de février, et, dans les quatre départements menacés de cession à l'Allemagne, les candidats élus furent ceux qui, par leur situation, leur caractère, leur patriotisme, apparaissaient comme les plus qualifiés pour faire valoir le droit de leurs électeurs à rester Français ; Gambetta, dont le nom symbolisait la guerre à outrance, fut élu à la fois dans les quatre départements. En même temps, le conseil municipal de Metz adressait un *Mémoire* à l'Assemblée Nationale : Metz « a été membre du Saint-Empire », certes, mais, avant d'être du Saint-Empire, elle fut de l'Empire de Charlemagne, du Royaume de Clovis, « et, avant tout cela, de la Gaule indépendante » ; Metz a été de l'Empire, mais comme en ont été « d'autres parties de la France et de l'Europe », un des « États indépendants » de toutes tailles dont le Saint-Empire n'était que l'agrégat ; même dans ces temps lointains, c'est vers les foires de Champagne et le *Landit* de Paris que les marchands messins se dirigeaient, etc. ; ainsi, « même quand Metz, ville libre, était, par un lien fragile, rattaché à l'Empire germanique, tout y était exclusivement français », et aujourd'hui (recensement de 1866), sur 47.242 personnes, 44.367 sont de langue française ; donc, il serait « impossible d'approuver et même de comprendre la violente annexion d'une ville que la langue, les origines, le commerce, les sentiments intimes, tout, en un mot, rattache à la France, comme tout la sépare invinciblement de l'Allemagne » : « tous les habitants, sans distinction de croyances religieuses ou d'opinions politiques, sont unis dans un sentiment commun et rien au monde ne peut altérer leur volonté de conserver la nationalité française ».

L'Assemblée Nationale tint sa première séance le 16 février 1871, à Bordeaux.

Le jour même, avant l'ouverture officielle des négociations pour les Préliminaires de paix, Keller, député du Haut-Rhin, apporta à l'Assemblée, au nom de ses collègues du Haut-Rhin, du Bas-Rhin, de la Moselle et de la Meurthe, la protestation de l'Alsace et de la Lorraine, triple affirmation solennelle :

— 1° que « *l'Alsace et la Lorraine ne veulent pas être aliénées* » : « mises en question par les prétentions étrangères, elles affirment à travers tous les obstacles et tous les dangers, sous le joug même de l'envahisseur, leur inébranlable fidélité », « tous unanimes, les citoyens demeurés dans leurs foyers comme les soldats accourus sous les drapeaux, les uns en votant, les autres en combattant, signifient à l'Allemagne et au monde l'immuable volonté de l'Alsace et de la

Lorraine de rester terre française » ; — 2° que « *la France ne peut consentir ni signer la cession de la Lorraine et de l'Alsace* », car elle ne saurait, « sans mettre en péril la continuité de son existence nationale, porter elle-même un coup mortel à sa propre unité... », « la France peut subir les coups de la force, elle ne peut sanctionner ses arrêts » ; — 3° que « *l'Europe ne peut permettre ni ratifier l'abandon de l'Alsace et de la Lorraine* », car — admirable perspicacité... — « elle doit à sa propre conservation d'interdire de pareils abus de la force » : en laissant « saisir un peuple comme un vil troupeau » en restant sourdes « aux protestations répétées des populations menacées », les nations civilisées, aujourd'hui « insensibles au sort de leur voisine », ne manqueraient pas d'être, « à leur tour, victimes des attentats qu'elles auraient tolérés » : l'Europe sait, d'ailleurs, que l'unité de la France est « aujourd'hui, comme dans le passé, une garantie de l'ordre général du monde, une barrière contre l'esprit de conquête et d'invasion », « la paix faite au prix d'une cession de territoire ne serait qu'une trève ruineuse et non une paix définitive, elle serait pour tous une cause d'agitations intestines, une provocation légitime et permanente à la guerre » ; — en conséquence, concluait Keller, « nous prenons nos concitoyens de France, les gouvernements et les peuples du monde entier, à témoin que nous tenons d'avance pour *nuls et non avenus* tous actes et traités, vote ou plébiscite, qui consentiraient abandon, en faveur de l'étranger, de tout ou partie de nos provinces de l'Alsace et de la Lorraine, *nous proclamons, par les présentes, à jamais inviolable le droit des Alsaciens et des Lorrains de rester membres de la nation française, et nous jurons, tant pour nous que pour nos commettants, nos enfants et leurs descendants, de le revendiquer éternellement et par toutes les voies envers et contre tous usurpateurs* ».

Malheureusement, la France était trop vaincue. La protestation de Keller et de ses collègues contre la

paix projetée ne pouvait avoir d'effet : la conviction
de l'Assemblée était qu'une résistance plus longue ne
ferait qu'ajouter à l'héroïsme de la résistance passée ;
pratiquement, elle serait inutile. Thiers quitta Bordeaux pour la négociation définitive des Préliminaires
de paix à Versailles. Le 26 février, les signatures furent
échangées : Thiers et Jules Favre, pour la France,
Bismarck, pour l'Allemagne. Heures atroces. Remon-
tant en voiture, Thiers, « immobile et comme fou-
droyé », écrit son compagnon de route, « succombait
à son émotion » ; « de Versailles à Paris, ses yeux ne
cessèrent de se mouiller de larmes, qu'il essuyait
sans dire un mot ». De l'Alsace, il n'avait réussi à
conserver à la France que Belfort. Le 28 février,
il était de retour à Bordeaux, donnait aussitôt lecture
du projet de loi destiné à ratifier sa signature. Et, le
1er mars 1871, à midi et demi, s'ouvrit la triste séance
de la ratification.

D'abord, Scheurer-Kestner, Floquet, Tirard, Keller, Claude (de la Meurthe), déposèrent de nombreuses
pétitions d'Alsaciens et de Lorrains qui protestaient
d'avance contre une séparation. Puis, Edgar Quinet,
Bamberger, Victor Hugo, Keller, Louis Blanc, d'autres
encore, tentèrent de suprêmes efforts, affirmèrent le
devoir de poursuivre la lutte quand même : nous
n'avons pas le droit de mutiler la nation, nous ne
pouvons pas « arracher la qualité de Français à des
Français », combattons toujours, ayons la foi, « cette
foi dans la Patrie, disait Louis Blanc, qui sauva, du
temps de Jeanne d'Arc, la vieille France monarchique,
et qui, plus tard, sous la Convention, sauva la France
républicaine ». Voix ardentes, appels émouvants, mais
qui ne pouvaient plus être, dans la fatalité de l'heure,
qu'un adieu. L'Assemblée vota la ratification des
Préliminaires, par 546 voix contre 107, minorité
parmi laquelle on comptait Emm. Arago, le général
Chanzy, Clemenceau, Delescluze, Floquet, Gambetta,
Lockroy, Félix Pyat, Ranc, Rochefort, Scheurer-
Kestner, Schœlcher, Tirard, Tolain, Victor Hugo...

C'est à ce moment, aussitôt connu le résultat du vote, que Grosjean, député du Haut-Rhin, qui avait été un des collaborateurs de Denfert-Rochereau dans la défense de Belfort, monta à la tribune et donna lecture, au nom de ses collègues alsaciens et lorrains, d'une dernière protestation, la plus simple et la plus douloureuse de toutes :

Les représentants de l'Alsace et de la Lorraine ont déposé, avant toute négociation de paix, sur le bureau de l'Assemblée Nationale, une déclaration affirmant de la manière la plus formelle, au nom de ces deux provinces, leur volonté et leur droit de rester françaises.

Livrés, au mépris de toute justice et par un odieux abus de la force, à la domination de l'étranger, nous avons un dernier devoir à remplir.

Nous déclarons encore une fois nul et non avenu un pacte qui dispose de nous sans notre consentement.

La revendication de nos droits reste à jamais ouverte à tous et à chacun dans la forme et dans la mesure que notre conscience nous dictera.

Au moment de quitter cette enceinte où notre dignité ne nous permet plus de siéger, et malgré l'amertume de notre douleur, la pensée suprême que nous trouvons au fond de nos cœurs est une pensée de reconnaissance pour ceux qui, pendant six mois, n'ont pas cessé de nous défendre, et d'inaltérable attachement à la patrie dont nous sommes violemment arrachés.

Nous vous suivrons de nos vœux et nous attendrons, avec une confiance entière dans l'avenir, que la France régénérée reprenne le cours de sa grande destinée.

Vos frères d'Alsace et de Lorraine, séparés en ce moment de la famille commune, conserveront à la France, absente de leurs foyers, une affection filiale, jusqu'au jour où elle viendra y reprendre sa place.

Le sacrifice était consommé... Le reste n'était plus que formalités, qui suivirent un cours normal : discussions de diplomates, à Bruxelles, pour arrêter les

termes du traité définitif, signature du traité, à Francfort, le 10 mai 1871, et ratification par l'Assemblée
Nationale, à Versailles, le 18.

La France perdait l'Alsace et une partie de la
Lorraine, c'est-à-dire, exactement, le département du
Bas-Rhin, celui du Haut-Rhin, plus des deux tiers
de la Moselle, le tiers de la Meurthe et deux cantons
des Vosges.

*Elle perdait quatre départements, et, avec eux, plus
encore : la sécurité,* — car, désormais, la frontière se
trouvait rapprochée de trente kilomètres, ce qui lui
restait de son territoire était découvert, et sa capitale
même... ! en face de Paris, presque sans obstacle
dans l'intervalle, les quais d'embarquement de Metz,
toujours prêts.

*Elle perdait 1.500.000 Français, et, avec eux, plus
encore : quelque chose de ce qui faisait l'équilibre de la
France,* — car ils jetaient dans la vie nationale, ces
Français-là, leurs qualités précieuses d'activité méthodique et tenace, d'esprit de suite, de conscience
au travail, de libéralisme à la fois ardent et positif, de
susceptibilité patriotique, et ce n'était pas seulement
des Français en moins, c'était aussi, à la France d'hier,
heureux composé de Nord et de Midi, d'Est et d'Ouest,
l'Est manquant tout-à-coup.

: : La protestation : :

de *ceux qui sont partis.*

Alors s'éleva une autre protestation, moins solennelle, mais plus tragique peut-être et plus poignante
encore, la plainte silencieuse de l'exode, de ceux qui
s'en allèrent, par milliers et par milliers, vers la
France, pour essayer d'y refaire leur vie, plutôt que de
devenir Prussiens.

« Les sujets français, originaires des territoires
cédés, domiciliés actuellement sur ce territoire, qui

entendront conserver la nationalité française, jouiront, jusqu'au 1ᵉʳ octobre 1872, et moyennant une déclaration préalable faite à l'autorité compétente, de la faculté de transporter leur domicile en France et de s'y fixer... » : tel était, dans ses dispositions essentielles, l'article 2 du traité de Francfort. Les Alsaciens et les Lorrains pouvaient, s'ils le voulaient, s'en aller, quitter leur pays pour rentrer dans la patrie : le traité leur en laissait la *faculté*, élégant euphémisme, puisque cette faculté était, en fait, pour tous ceux qui tenaient à rester Français, une obligation. Nul ne put garder à la fois sa qualité de Français et son domicile en Alsace-Lorraine. Il fallut *rester* en Alsace-Lorraine et devenir « sujet allemand », ou *opter* en bonne et due forme pour la France et *partir*.

Naturellement, tout ce qui était de l'armée et de la magistrature, représentation officielle de la France, s'en alla. Mais, en Alsace et en Lorraine, la France, on l'a vu, n'était pas simplement « à la surface » du pays, et ces départs entraînèrent l'émigration de toute une vieille bourgeoisie provinciale. Les Facultés de Strasbourg se dispersèrent, certaines cherchant un point de ralliement de l'autre côté de la nouvelle frontière : c'est ainsi que la Faculté de médecine, pourtant composée en grande partie d'Alsaciens, très attachés à leur sol, émigra vers l'École Préparatoire de Nancy, qui, grâce à cet apport alsacien, fut aussitôt promue Faculté. Dans l'enseignement secondaire, les lycées se vidèrent de leur personnel français : non-seulement des professeurs venus de la France intérieure, mais encore de ceux du pays, et quoique l'administration nouvelle leur fît immédiatement des offres séduisantes ; le *Gymnase* également, ce Gymnase protestant de Strasbourg qui était un des plus anciens et des plus réputés établissements secondaires de l'Alsace : il faudrait, si l'on restait, adopter le programme allemand, enseigner en allemand... On se rappelle encore, là-bas, l'émotion que provoquèrent certains sermons d'adieux, prononcés par le curé, le pasteur ou le rabbin, qui partaient, quoi qu'il leur en coûtât d'abandonner leurs troupeaux, — pour n'être pas contraints demain, comme disait l'un d'eux à l'heure de la séparation, « de prêcher l'oubli du passé, la résignation au fait accompli.... »

Mais il y avait aussi la foule, la foule des instituteurs, la foule de tous les fonctionnaires subalternes, de tous ceux qui vivent davantage — appoint souvent indispensable au traitement — dans la maison et de la terre paternelles. De tous ces modestes, également sollicités par les promesses de l'administration allemande, auxquels l'avenir, s'ils partaient, serait plus difficile qu'aux grands, et dont la fidélité serait moins glorieuse, beaucoup s'en allèrent sans savoir où la France les replacerait, donnant par leur départ la preuve héroïque, et qu'on regardait généralement alors comme la plus significative, de leur attachement aux vaincus : à la fin de 1872, le quart seulement des fonctionnaires de l'Alsace-Lorraine étaient Alsaciens-Lorrains d'origine.

Et il y avait tous ceux qui n'ont point à espérer au même degré l'appui de l'État, qui sont moins encadrés et soutenus, qui ne peuvent compter, dans les bouleversements de l'existence, que sur eux-mêmes : avocats et médecins qui tenteraient de se refaire une clientèle, à Nancy, à Dijon, à Paris, agents du Chemin de fer de l'Est que la Compagnie chercherait à replacer au long de son réseau tronqué, industriels de Mulhouse qui allaient essaimer à Belfort, de Wesserling et de Rothau, qui allaient créer, près d'Épinal, un centre nouveau (Thaon-les-Vosges), Bischwiller se transportant en bloc à Elbeuf, — et tous ceux pour qui l'avenir était plus mystérieux encore : boutiquiers, paysans, qui avaient vendu leur fonds de commerce ou leur coin de terre à des prix misérables, comme ils pouvaient, pour avoir un peu d'argent liquide en partant, — et tous ceux qui n'avaient rien, à qui seraient distribués les six millions de secours souscrits en France, ou que la Société de Protection des Alsaciens-Lorrains allait envoyer, comme colons, en Algérie, dans des villages créés pour eux : par les gares et les routes-frontières, à mesure qu'approchait la date fatale, l'exode se précipita, enthousiaste et navré, douloureux au point d'émouvoir l'Europe. « On ne saurait trouver un exemple d'une calamité aussi étendue et d'un aussi puissant attachement à la patrie », dit le *Times* : « parmi les jeunes émigrants des voitures de troisième classe, il n'y en a qu'un petit nombre qui connaissent parfaitement la langue française, et cependant l'intensité de leur amour pour la France et de leur haine pour leurs nouveaux maîtres, semble presque en proportion de leur ignorance... » ; « jamais, écrit le *Freeman*, de Dublin, jamais ils n'accepteront volontairement, nous semble-t-il, le despotisme militaire du vainqueur ; d'ailleurs, quoi qu'il arrive, le spectacle d'une émigration presque en masse est attristant ; que les amis de la Prusse essaient de jeter le blâme sur les fugitifs ! les malheureux exilés sont l'objet de l'admiration des honnêtes gens ; ils viennent de donner au monde un exemple de fidélité, et un noble enseignement à l'humanité tout entière. » Et plus de 100.000, pourtant, qui avaient également opté dans les formes régulières, mais qui sans doute n'étaient pas prêts à partir au jour fixé, virent cette option annulée par l'administration allemande, durent remettre à plus tard...

Car l'exode ne s'est pas arrêté au 30 septembre 1872. D'année en année, d'autres départs suivirent : on partait « à cause des fils », pour ne pas faire d'eux des « Prussiens », ou pour rejoindre des filles mariées, ou même des parents moins proches, ou, simplement, la France, les Français, l'armée française, la «Légion»... : 35.000, pour la première période de cinq ans (1875-1880) puis 60.000 pour la deuxième, puis 37.000, puis 34.000... : de 3 à 400.000 en tout. Refus de vivre plus longtemps avec *les Prussiens*, longue protestation anonyme, qui fut souvent héroïque, si l'on songe aux misères des *réfugiés*, — et que beaucoup de ces *réfugiés pour toujours* ne revirent jamais la fumée du toit natal, que, le jour où ils voudront « retourner au pays » quelques heures, pour une rapide visite à leurs « vieux » restés là-bas, ils se heurteront à une frontière inexorable...

Mais, au prix de ces sacrifices et de ces douleurs, beaucoup d'entre eux sont devenus, eux et leurs fils, dans toutes les carrières, de brillants serviteurs de la France : partout, dans l'armée et dans la magistrature, au barreau, dans la médecine, dans l'industrie, dans l'enseignement, à la Sorbonne, à l'Institut, — des noms sont sur toutes les lèvres... ; et ainsi, *ceux qui sont partis* ont maintenu la participation de l'Alsace et de la Lorraine à la vie française.

: : La protestation : :

de *ceux qui sont restés.*

Au prix d'autres sacrifices, *ceux qui sont restés* ont maintenu le souvenir de la France dans la conscience alsacienne. Aux premiers jours de la séparation, la tendresse que la mère-patrie témoignait à ceux qui revenaient vers elle, n'allait pas sans quelque suspicion à l'égard des autres ; par la suite, on s'est efforcé d'être plus juste, et, si la France sait aujourd'hui tout ce qu'elle doit à ceux qui abandonnèrent leur petite patrie pour la grande, elle comprend aussi que, sans les Alsaciens restés en Alsace, son nom même n'y serait plus qu'un mot germanisé. Avec courage, avec persévérance et fermeté, ils surent *tenir*, et comme Guillaume le Taciturne, héros d'une autre oppression, « maintenir ».

Les quatre départements français totalement ou partiellement cédés furent, par la loi allemande du 9 juin 1871, désignés sous un seul vocable adminis-

tratif : l'Alsace et la Lorraine allaient se trouver
réunies « *dans le creuset du malheur* », comme devait
dire, un jour, un de ces Alsaciens tenaces..., et voilà
pourquoi le terme : *Alsace-Lorraine*, n'est, en réalité,
qu'une expression officielle allemande, — souvenir,
non point du « temps français » de nos anciens départements, mais de la situation qui leur a été faite à la
suite du traité de Francfort.

Par la même loi du 9 juin, l'empereur d'Allemagne
devenait le détenteur de l'autorité publique en Alsace-
Lorraine. Pour ne pas inquiéter les princes confédérés
en accroissant encore les avantages déjà considérables
que le roi de Prusse tirait de la victoire, pour ne pas
favoriser, d'autre part, la Bavière aux dépens de
Bade ou la Saxe aux dépens du Wurtemberg, l'Alsace-
Lorraine n'appartiendrait à personne, mais à tous.
D'ailleurs, comme elle était « le prix des combats dans
lesquels tous les États allemands ont versé leur sang »,
— ce sont les termes mêmes de l'exposé des motifs
de la loi, — il paraissait naturel qu'elle devînt « le
gage de l'unité de l'Empire allemand conquis par les
forces unies ». L'Alsace-Lorraine est désormais une
sorte de propriété indivise de l'Empire allemand
représenté par l'empereur : la *Terre d'Empire*, comme
on l'appellera (« *Reichsland* »), un souvenir de sa fondation et comme une garantie de sa durée. Mais,
pour être impériale, et non prussienne ou badoise,
l'Alsace-Lorraine n'en était guère plus maîtresse de
sa vie politique : elle n'aurait aucun des droits dont
jouit, quoique englobé dans l'unité de l'Empire, chacun
des États confédérés; elle serait, non point un État
de l'Empire, mais un « pays sujet de l'Empire tout
entier » (*Unterthanenland des Reiches*). Une loi com-
plémentaire, également de 1871, y délègue l'autorité
suprême à un représentant de l'empereur, le *président
supérieur*, résidant à Strasbourg, mais dépendant di-
rectement de Berlin.

On comprend sans peine quel devait être à ce
moment l'état moral des Alsaciens-Lorrains.

L'article du traité de Francfort relatif à l'option a été appliqué dans l'esprit le plus étroit, le gouvernement allemand n'admettant point que le délai de l'option fût reculé pour les mineurs jusqu'à l'époque de leur majorité, ni que leur choix pût se faire dans un sens autre que celui de leurs représentants légaux. L'obligation du service militaire allemand a été imposée aux jeunes Alsaciens-Lorrains, sans aucun délai non plus, dès la classe 1871 : « la torture de la conscription », écrivit un journal anglais, de la conscription ennemie et immédiate, pour tous ces jeunes Français, fils d'anciens soldats français. Des écoles sont fermées par ordre supérieur. Le procureur impérial Popp déclare que « la clémence serait une faute, la modération un danger ». La police règne en maîtresse : un directeur général à Strasbourg, des directeurs à Colmar et à Metz, des directeurs cantonaux, tous avec des attributions très étendues. Rapp, vicaire général de l'évêché de Strasbourg, est mis en demeure de choisir dans les vingt-quatre heures entre l'expulsion et la forteresse ; Aug. Sabatier, professeur à la Faculté de théologie protestante, expulsé ; Ernest Lauth, le successeur de Kuss à la mairie de Strasbourg, révoqué, remplacé par le directeur de la police avec le titre de commissaire extraordinaire pour l'administration municipale ; le conseil municipal de Strasbourg, suspendu, puis dissous ; de nombreux conseillers généraux démissionnaires, l'autorité allemande prétendant faire prêter aux élus le serment d'obéissance et de fidélité au chef de l'État (devenu l'empereur d'Allemagne), — et cela, en vertu d'une loi française… Car voici qu'allait enfin subsister quelque chose de la France ! son droit administratif, mais dans l'état où l'Empire français l'avait laissé, et que les nouveaux maîtres sauraient appliquer avec la pire rigueur, non sans qu'il leur plût de rappeler ironiquement l'origine de ces lois restrictives, loi de 1834 et décret de 1852 sur les associations, loi de 1868 sur la presse, et, surtout, la loi de 1849 sur l'état de siège, dont l'article 9 servit de base à de nouvelles dispositions, qui aggravèrent la loi française tout en s'appuyant sur elle : d'où ce *Paragraphe de la Dictature*, bientôt fameux en Alsace-Lorraine, qui permet au représentant de l'empereur de s'octroyer, quand il lui plaît, les pouvoirs militaires les plus étendus et les plus absolus, sans indication préalable de localité et sans limitation de durée, sur tout le territoire de l'Alsace-Lorraine... Le nouveau régime avait largement distribué les causes de mécontentement et n'avait rien fait pour adoucir chez les « annexés » l'amertume de la séparation.

La déclaration des députés
: de l'Alsace-Lorraine :
: : à Berlin (1874). : :

C'est dans ces conditions que l'Alsace-Lorraine eut à envoyer pour la première fois des députés au Parlement de Berlin. Tous les candidats *protestataires* furent élus (1er février 1874). L'union s'était faite sur leurs noms, sans distinction d'opinion politique ni de confession. La députation comprit d'ardents républicains ,comme Ed. Teutsch, député de Saverne, qui, en qualité d'ancien membre de l'Assemblée de Bordeaux, venait de protester contre les projets de restauration monarchique en France ; et elle comprit également des ecclésiastiques catholiques : honneur qu'ils durent, non-seulement, comme les autres représentants, à leur patriotisme, mais encore à la confiance que met volontiers l'opprimé dans l'autorité morale du prêtre vis-à-vis de l'oppresseur, au désir, aussi, chez les catholiques d'Alsace-Lorraine, de marquer leur indignation à l'égard des vexations dont le clergé était la victime en Prusse. La *Ligue d'Alsace*, organisation de résistance qui était surtout composée de républicains protestants, avait chaleureusement soutenu ces candidatures ecclésiastiques : à Metz, c'est elle qui avait mis en avant la candidature de l'évêque, Mgr Dupont des Loges, et c'est un israélite, Edmond Goudchaux, qui avait été chargé de demander à l'évêque son acceptation.

La protestation fut, pour les élus, comme elle l'avait été pour les électeurs, la seule raison d'être de l'élection. Les quinze députés estimèrent, d'un commun accord, sur l'initiative de Teutsch, énergiquement appuyée par l'évêque de Metz, que l'entrée de la députation alsacienne-lorraine au Reichstag devait être marquée par une protestation solennelle contre l'annexion des deux provinces. Cette protestation, Teutsch fut chargé de la faire entendre, au nom de ses collègues, du haut de la tribune, et il s'acquitta de sa mission en ces termes, le 18 février :

Les populations de l'Alsace-Lorraine, dont nous sommes les représentants au Reichstag, nous ont confié une mission spéciale et des plus graves, que nous avons à cœur de remplir sans retard. Elles nous ont chargés de vous exprimer leur pensée sur le changement de nationalité qui leur a été violemment imposé à la suite de votre guerre contre la France...

Votre dernière guerre, terminée à l'avantage de votre nation, donnait incontestablement à celle-ci des droits à une réparation. Mais l'Allemagne a excédé son droit de nation civilisée, en contraignant la France vaincue au sacrifice d'un million et demi de ses enfants. Au nom des Alsaciens-Lorrains, nous protestons contre l'abus de la force dont notre pays est victime.

Si, dans des temps éloignés et relativement barbares, le droit de conquête a pu quelquefois se transformer en droit effectif, si, aujourd'hui encore, il réussit à se faire absoudre, lorsqu'il s'exerce sur des peuples ignorants et sauvages, rien de pareil ne peut être opposé à l'Alsace-Lorraine. C'est à la fin du dix-neuvième siècle, d'un siècle de lumière et de progrès, que l'Allemagne nous conquiert ; et le peuple qu'elle réduit en esclavage, ce peuple est un de ceux qui, en Europe, portent le plus haut le sentiment du droit et de la justice...

D'ailleurs, le contrat que vous nous opposez n'a pas de valeur. Un contrat, en effet, ne vaut que par le libre consentement des deux contractants. Or, c'est l'épée sur la gorge que la France, saignante et épuisée, a signé notre abandon. Elle n'a pas été libre ; elle s'est courbée sous la violence ; et nos codes nous enseignent que la violence est une cause de nullité pour les conventions qui en sont entachées...

Vous le voyez, Messieurs, nous ne trouvons dans les enseignements de la morale et de la justice rien, absolument rien, qui puisse faire pardonner notre annexion à votre empire ; et notre raison se trouve en cela d'accord avec notre cœur. Notre cœur, en effet, se sent irrésistiblement attiré vers notre patrie française. Deux siècles de vie et de pensée en commun créent, entre les membres d'une même famille, un lien sacré, qu'aucun argument et moins encore la violence ne sauraient détruire...

En nous choisissant tous, tant que nous sommes, nos électeurs ont, avant tout, voulu affirmer leur sympathie pour leur patrie française...

Pour consommer cette annexion qui, à nos yeux, est un acte inouï et que rien ne peut excuser, pour briser ainsi le cœur d'un million et demi d'hommes libres, sur quoi s'est appuyée l'Allemagne? Nous vous demandons la permission de le rappeler en peu de mots :

Elle nous a, par une amère dérision, revendiqués, comme étant des membres de sa famille à elle, comme étant des frères. Or, vous savez aujourd'hui, à n'en plus douter, que tout lien de famille entre vous et nous est rompu. Nous prisons plus que personne le principe de la fraternité des peuples ; mais il nous sera impossible de voir en vous des frères, tant que vous refuserez de nous rendre à la France, à notre véritable famille.

L'Allemagne, pour nous annexer à son empire, a invoqué les usages de la guerre. Mais, nous vous l'avons dit déjà, un usage emprunté à des temps barbares n'a que faire à une époque de civilisation comme la nôtre.

Enfin, l'Allemagne a invoqué les besoins de sa défense contre une agression française. Mais elle pouvait, sans démembrer la France, atteindre ce but, en imposant à son ennemi vaincu le démantèlement des forteresses de l'Alsace-Lorraine.

Il faut donc chercher dans l'ivresse de la victoire, et dans cette ivresse seule, la véritable cause de l'exorbitante prétention en vertu de laquelle nous sommes, aujourd'hui, des vassaux de votre empire. En cédant à cette ivresse, l'Allemagne a commis la plus grande faute, peut-être, qu'elle ait à inscrire dans son histoire.

Il dépendait d'elle, après ses triomphes, de conquérir par sa générosité, non-seulement l'admiration du monde entier, mais encore les sympathies de son ennemi vaincu, et surtout les nôtres, à nous, habitants de l'Alsace-Lorraine. Il dépendait d'elle d'amener un désarmement de l'Europe et de fermer, à tout jamais peut-être, l'ère sanglante des guerres entre peuples faits pour s'aimer. Il lui suffisait pour cela, s'inspirant du libéralisme que nous aurions supposé chez une nation aussi éclairée, de renoncer à toute idée d'agrandissement et de laisser intact le territoire français...

Pour ne pas avoir suivi, en 1871, les conseils de la modération, que récolte-t-elle aujourd'hui? Toutes les nations de l'Europe se défient de sa puissance envahissante et multiplient leurs armements. Elle-même, pour maintenir cette chose vaine qu'on appelle le prestige guerrier, s'épuise en hommes et en argent. Et quelles sont, Messieurs, vos perspectives pour l'avenir? Au lieu de cette ère de paix et de fraternité des peuples que vous étiez maîtres d'inaugurer en 1871, vous entrevoyez, nous en sommes sûrs, avec le même effroi que nous, de nouvelles guerres, c'est-à-dire la ruine et la mort s'abattant de nouveau sur vos foyers.

Croyez-nous, renoncez à cette politique qui nous anéantit, en même temps qu'elle compromet l'avenir de votre nation.

Vous êtes forts et puissants aujourd'hui, et vous

pourrez, par conséquent, nous donner satisfaction, sans faire, à votre point de vue, aucun sacrifice d'amour-propre. Rendez-nous justice, Messieurs, nous oublierons alors trois années de souffrances pour ne plus songer qu'à votre noblesse de la dernière heure...

Cette déclaration haute et digne n'obtint même pas du Parlement de Berlin le respect dû à des vaincus et qui lui aurait fait honneur à lui-même : la *Gazette de Francfort* dut protester le lendemain contre le tumulte et les rires ironiques dont le Reichstag avait accompagné le discours du député alsacien.

Elle ne modifia point non plus l'attitude du gouvernement allemand vis-à-vis de l'Alsace-Lorraine. Il continua à décréter et à légiférer, mais l'Alsace-Lorraine resta la propriété de l'Empire. Ces décrets et lois (1874-1879) eurent pour objets principaux : 1º l'institution du *Landesausschuss* (ou, en français : *Délégation d'Alsace-Lorraine*), sorte de Conseil provincial, très « tamisé » quant à son mode d'élection, très limité quant à sa compétence et à ses moyens d'action ; 2º le remplacement du *président supérieur* par un *statthalter* (lieutenant-gouverneur), qui sera tout ensemble un délégué de l'empereur avec les pouvoirs du chef de l'État et une sorte de chancelier spécial pour les affaires d'Alsace-Lorraine.

Manteuffel et la politique : : de conciliation. : :

Le statthalter nommé (1879) fut le feld-maréchal de Manteuffel. Dans sa carrière déjà longue, il avait été à la fois soldat et diplomate, même au cours des événements de 1870-1871 : après avoir combattu dans le nord et dans l'est, il avait, le traité signé, reçu le commandement de l'armée d'occupation à Nancy, fonctions délicates dont il s'était acquitté avec beaucoup de tact, conscient de son devoir, mais conciliant, et tempérant parfois chez ses subalternes l'orgueil de la victoire. Tel il fut dans son nouveau poste, et il aurait réussi, si quelqu'un avait pu réussir. Il s'appliquait à parler et à écrire le français en dehors des circonstances officielles, il cherchait à être aimable avec les notabilités du pays, il sut comprendre, pendant quelque temps, les résistances de la population, sans s'étonner ni se froisser de cet état d'esprit, même quand Mgr Dupont des Loges, l'évêque de Metz, refusa de recevoir l' « ordre de la Couronne, seconde classe, avec étoile », qu'il lui transmettait de la part de l'empereur.

Le régime des passeports.

: La politique brutale. :

Mais les Allemands lui reprochaient sa modération, et les Alsaciens-Lorrains, naturellement, la lui rendaient difficile ; car ce n'était pas un statthalter, même modéré, qu'ils voulaient. Il perdit patience, et usa d'une autre méthode. Un proverbe allemand revient à l'esprit, projette sa lumière sur cette situation — et aussi, bien au-delà d'elle, sur toute la mentalité allemande, cet éternel besoin de domination qui se déguise sous d'hypocrites appels à la fraternité : « *Und willst du nicht mein Bruder sein,* — *So schlag ich dir den Schaedel ein* » (« et si tu ne veux pas être mon frère, je t'enfonce le crâne »)...

Jacques Kablé, le député de Strasbourg, était représentant d'une compagnie d'assurances française ; le statthalter accusait d'autres agents de ces compagnies de s'occuper comme lui de politique, et de la même politique ; il expulsa ces compagnies du territoire alsacien-lorrain, malgré l'article 11 du traité de Francfort, qui comprenait dans la règle du « traitement réciproque sur le pied de la nation la plus favorisée » « l'admission et le traitement des sujets des deux nations ainsi que de leurs agents ». D'autres mesures ne firent pas moins de bruit : suppression de la *Presse d'Alsace et de Lorraine* (1881), de l'*Elsaessisches Volksblatt* (1882), de l'*Union d'Alsace-Lorraine*, de l'*Odilienblatt*, de l'*Echo de Schiltigheim* (1884), journaux que l'administration accusait d'exciter la population contre l'*idée allemande* ; — interdiction au député de Metz, Antoine, l'énergique protestataire, de faire paraître son journal projeté : *Metz*, quoiqu'il eût rempli toutes les formalités légales à cet effet (août 1883), perquisitions à son domicile, publication dans la *Norddeutsche Allgemeine Zeitung* de lettres privées que l'autorité judiciaire avait saisies dans ces perquisitions ; quelques semaines plus tard, arrestation d'Antoine sous une inculpation de haute trahison, qu'au bout de quatorze mois la Cour suprême de Leipzig devait déclarer injustifiée... Et les électeurs continuaient d'envoyer au Reichstag les candidats de la protestation.

Manteuffel mourut en 1885. Le modérateur disparu, il ne restait plus personne pour s'opposer au système de la coercition. Depuis longtemps, Bismarck avait perdu son « amour juvénile pour le Reichsland », « l'espoir enthousiaste » que lui inspirait au début « la joie de voir ces anciens pays de l'Empire recouvrés par l'Allemagne », et il ne pensait plus qu'à la « sûreté de l'Empire même ». La pression formidable exercée sur l'Alsace-Lorraine en vue des élections du 21 février 1887 d'où pourrait sortir la paix ou la guerre (les propos du statthalter, les articles menaçants dont les journaux officieux étaient pleins, ne laissaient pas de doute aux Alsaciens-Lorrains sur les responsabilités qu'ils allaient prendre), n'empêcha point l'élection des quinze candidats protestataires, par 247.000 voix — 82.000 de plus qu'en 1884 —. Les faits violents se précipitèrent alors, témoignages directs ou indirects de l'irritation d'en haut : Antoine, le député de Metz, expulsé le 31 mars ; contre Lalance, député de Mulhouse, des poursuites judiciaires èt des mesures administratives draconiennes qui le contraignirent à quitter le pays, expulsion qui n'avait pas le courage de s'avouer par un arrêté officiel ; l'arrestation brutale, sur le territoire annexé, de Schnaebelé, commissaire spécial de la gare française de Pagny-sur-Moselle, par son collègue allemand de Novéant qui l'avait convoqué pour affaires de service (20 avril 1887) et l'émotion que l'incident provoqua pendant plusieurs jours dans toute l'Europe ; puis, l'institution des « maires de carrière » imposés aux communes récalcitrantes (juin 1887) ; et les dissolutions de sociétés, *l'Association des Sociétés chorales d'Alsace, la Fanfare Sellenick, le Cercle Mulhousien* ; quatre Alsaciens condamnés par la Cour suprême de Leipzig, comme affiliés à la Ligue des Patriotes (juin 1887) ; l'arrestation du vaillant Ch. Appell, teinturier à Strasbourg, ancien mobile du siège, médaillé militaire, accusé de haute trahison au préjudice de l'Empire (janvier 1888); la coïncidence de ces événements avec la popularité du général Boulanger en France — et en Alsace ; puis, ce régime vexatoire et, pour beaucoup, terriblement cruel des *passeports*, qui constituait encore une violation de l'article 11 du traité de Francfort : l'obligation pour toute personne qui voulait entrer en Alsace-Lorraine par la frontière de France, et pour tout Français qui voulait y entrer par quelque frontière que ce fût, de présenter un passeport visé par l'ambassade d'Allemagne à Paris, visa dont la validité était d'un an pour les étrangers, de huit semaines pour les Français, — qui dispensait les étrangers' mais non les Français, d'une déclaration de résidence à faire dans les vingt-quatre heures, — que l'ambassade, enfin, délivrait rapidement aux étrangers, et refusait généralement aux Français après leur avoir fait attendre pendant des semaines une réponse qu'en

leur honneur on avait demandée jusqu'à Berlin, — en
fait, l'impossibilité pour tout Français d'aller en
Alsace, pour tout Alsacien de France de retourner
« chez lui », fût-ce une journée, fût-ce une heure...
Et malgré tout, en 1890, des élections encore protestataires. Jamais, depuis 1871, la France, l'Alsace-
Lorraine, l'Allemagne, les trois personnages de l'éternel drame, ne vibrèrent aussi intensément qu'à cette
époque. Ce furent, pendant quatre ans, une lutte de
tous les jours, l'oppression et la fièvre, la perpétuelle
attente, d'angoisse ou d'espoir.

Cette crise fit aux Alsaciens-Lorrains une conscience nouvelle. Vingt ans avaient passé, — et l'ardente protestation de 1897, et l'affaire Schnaebelé, et
les violations du traité..... La France ne voulait pas
la guerre. L'aurore ne s'était pas levée, que tant
d'hommes, là-bas, avaient vue en rêve. Il fallait, de
plus en plus, vivre la réalité du jour, compter de
moins en moins sur un lendemain libérateur. La terreur
régnait ; « la paix des cimetières », comme dit, au
Reichstag, en parlant de cette époque, le député
Preiss, de Colmar. Plus que toute autre mesure, le
coup brutal des passeports les avait étourdis. Les
quatre non-protestataires qui s'étaient fait élire en
1890, ne devaient leur succès qu'à la lassitude affolée
de leurs électeurs, leur élection n'avait d'autre sens
qu'un cri de grâce : donner au gouvernement le député
qu'il souhaite, pour qu'en échange il desserre les liens,
laisse revenir les parents, les amis, les clients de
France, rentrer un peu d'air libre... Ils comprenaient
maintenant comment l'Allemagne les tenait, combien
elle pouvait contre eux, contre leurs intérêts, contre
leurs sentiments ! Pourtant, ils étaient un peuple,
et qui avait des droits. Plus séparés de la France
qu'ils n'auraient cru, peut-être, mais non pas plus
rapprochés de l'Allemagne, ce n'était pas une raison
pour mourir dans le fossé, entre les deux nations, ni
même pour se laisser contraindre et absorber par la
plus forte. Ainsi naquit en eux la conscience d'une

personnalité propre, mais toujours fidèle à la tradition de la France, — communion constante dont Jaurès devait donner un jour cette forte image : « Vous bâtissez un mur dans l'épaisseur de la forêt, à travers les grands arbres. Les racines se rejoignent dans le sol et les branches dans le ciel. La forêt n'a qu'une âme. »

: : La résistance : :

à la germanisation.

On ne saurait mettre à l'origine de ce mouvement, qui commença dans les années 1892-1897, ni une date exacte ni un nom. La nécessité s'en imposait plus précisément à quelques esprits ; d'autres suivaient, sentant qu'allaient prendre corps des aspirations jusquelà confuses en eux. La confiance était permise : ce n'étaient pas rêveries vagues et constructions sur le sable ; les Alsaciens-Lorrains étaient encore chez eux en Alsace-Lorraine. Certes, une armée de fonctionnaires était venue d'outre-Rhin, prendre la direction des affaires du pays, occuper les places qu'avait refusées, au lendemain du traité de Francfort, la fierté des Alsaciens : mais tous, Prussiens, Bavarois, Wurtembourgeois, s'entendant à merveille, comme l'a écrit M. Laugel, pour faire de la *Terre d'Empire* « un champ d'expérience où le pangermanisme s'entraîne à gouverner », laissaient, par là même, les Alsaciens-Lorrains indifférents ou hostiles. Certes, le pays s'était appauvri par l'émigration, d'environ 200.000 personnes (à compter les départs jusqu'en 1895 seulement), mais ce chiffre, considérable, ne représentait pourtant qu'un huitième environ de la population de 1871 : et, si les partants avaient été remplacés, même en surnombre, par des étrangers au pays, l'élément *indigène* n'en constituait pas moins les six à sept huitièmes de la population, et cela, sans que l'élément *immigré* l'eût pénétré suffisamment pour en modifier l'esprit. L'action s'appuierait donc sur une base solide.

Ce ferme dessein de continuer à « maintenir » se réalisa sous les formes les plus diverses.

A Strasbourg, à Metz, à Colmar, des professeurs, des écrivains, des artistes, surent rappeler, sous couleur d'études historiques ou de chroniques littéraires, par le livre et la revue, par des conférences et des expositions, l'heureux passé des deux provinces, et qu'en-deçà de ce moyen âge germanique, auquel les Allemands se plaisaient à remonter sans se soucier de l'intervalle, elles avaient une histoire et une tradition plus récentes, autrement vivantes en elles : *« il faut en prendre votre parti : notre histoire n'est pas votre histoire »*, dit un jour au Reichstag l'abbé Wetterlé, alors député de Ribeauvillé. Les satiriques, on le sait, dégageaient les traits essentiels de l'opinion, et, par simplifications et grossissements habiles autant qu'audacieux, — car la prison n'est pas un vain mot sous l'autorité allemande, — s'entendaient à montrer au maître que la bourgeoisie ni le peuple n'étaient dupes de sa « culture supérieure ». Agitateurs publics? comme l'insinuait volontiers la presse officieuse, écrivains et artistes qui créaient de toutes pièces l'objet de leur critique pour tirer de cet amusement orgueil et succès personnels? Nullement. Des exceptions? Non, mais des résultantes. Ils n'étaient, que parce que l'esprit public les avait faits, leur renom leur venait de la foule anonyme, et l'on s'intéressait à leur action, parce qu'ils disaient plus clairement ou plus haut ce qu'on pensait tout bas, parce qu'enfin on se retrouvait en eux : nul ne l'ignore, de ceux qui ont vécu en Alsace-Lorraine, qui ne se sont pas contentés d'une conversation superficielle avec quelque *immigré* jouant à *l'homme du pays*, mais qui ont pénétré jusqu'au foyer de la bourgeoisie *indigène* des villes, petites ou grandes, qui se sont mêlés aux ouvriers des faubourgs, qui savent quelle place occupe dans les propos des paysans le *dracketiger Schwob!* *(sale Prussien!)*

Quant aux journalistes et aux hommes politiques, ils pouvaient se quereller, sans doute, comme il arrive à tant de bons Français en France ! sur les mille questions de la politique courante, répondre à *socialisme* par *cléricalisme* et inversement, prendre des attitudes différentes dans le jeu des groupements parlementaires ; mais ils cherchaient toujours à sauvegarder parmi ces combinaisons leur personnalité alsacienne, et, dès qu'il s'agissait, soit de l'Alsace-Lorraine, soit, plus encore, de questions franco-allemandes, la tradition surgissait pour les réunir, faisant taire toutes les autres voix : il y avait toujours un moment où le *Nouvelliste* et le *Journal d'Alsace*, le *Messin, le Lorrain*, le *Courrier de Metz*, finissaient par s'entendre, parce qu'alors, sans avoir besoin de concerter ni de formuler leur pensée, ils la sentaient commune. Style catholique : «... Nous rendons hommage à qui nous devons hommage, nous payons correctement nos impôts ; après cela, vient une frontière qui, pour beaucoup, est un précipice ; cent questions nous séparent des immigrés sur le terrain politique, particulièrement sur le terrain de la politique extérieure ». Style socialiste : « Alsaciens-Lorrains, rappelez-vous ce qui vous est arrivé depuis 1870 sous la domination de l'Allemagne prussienne ; on a voulu ignorer que nous avons appartenu à la France ; il est vrai qu'à l'école on nous parle de la bonté allemande, de l'honorabilité allemande, de la générosité allemande, mais nous n'avons appris à connaître que l'orgueil prussien, l'arbitraire prussien, la morgue prussienne ». Style intermédiaire : « Nous disons qu'il est bien fâcheux que tant de gens se mêlent de nos affaires sans y être invités, tant de gens, qui viennent de Trèves, de Cologne, ou d'ailleurs, pour nous évangéliser comme des sauvages, nous disons que, chez nous, on pourrait trouver des hommes capables de nous représenter, — que toutes vos voix, d'un bloc, aillent à un indigène ! »

Aussi bien les Allemands ne se laissaient-ils guère tromper à certain mot d'ordre politique qui était devenu populaire en Alsace-Lorraine : « *L'Alsace-Lorraine aux Alsaciens-Lorrains !* » ils ne s'arrêtaient point à son sens apparent et ils l'interprétaient sans illusions : « A bas les préfets et les sous-préfets, les procureurs et les professeurs allemands ! voilà ce qu'il signifie en réalité », écrivait, en 1910, Paul Laband, professeur (allemand) de droit public à l'Université de Strasbourg, ajoutant même avec quelque acrimonie : « On n'a pas le courage de dire qu'on ne veut plus de l'Allemagne, et l'on dit qu'on ne veut plus de l'empereur, en réalité, c'est la même chose... »

A ces revendications, l'empereur ni l'Empire ne firent, d'ailleurs, aucune concession sérieuse. Le *Paragraphe de la Dictature* a été aboli en 1902, mais cette suppression, dont une administration forte et féconde en ressources pouvait toujours, dans la pratique, annuler l'effet, n'empêcha nulle part les surveillances étroites, les vexations, les susceptibilités ombrageuses de la *Kreisdirektion* et de la *Polizeidirektion*. Une Constitution nouvelle a remplacé, en 1911, la Délégation par un Parlement, un Parlement avec deux Chambres, mais dont la Chambre haute est, pour moitié, de nomination impériale, l'autre moitié comprenant, à côté des représentants de conseils municipaux ou d'associations professionnelles, certains hauts fonctionnaires universitaires, ecclésiastiques, judiciaires, c'est-à-dire des voix faciles à diriger et à surveiller, et la compétence de ce petit Parlement provincial, successeur et succédané de l'ancien *Landesausschuss*, demeurerait strictement limitée : si bien que toute la députation alsacienne-lorraine au Reichstag avait voté contre le projet de Constitution. Quelques formes, quelques vagues apparences de liberté, et ce fut tout : des moyens insuffisants, pour des fins interdites.

On avait dit (au Reichstag, M. Blumenthal, alors député de Strasbourg-campagne), quelque temps après l'abolition du fameux *Paragraphe*, que, si la *Dictature* n'était plus, *l'esprit dictatorial* apparaissait

toujours. De même, « de l'autre côté de la barricade »,
si la prudence commandait d'éviter le mot, on peut
dire que *l'esprit de protestation* subsistait, généralement *incognito*, et pour cause ! mais non moins vigou-
reux et profond qu'au temps de la protestation héroïque.

Les dernières années.

Dans la multiplicité des faits qui constituent au
jour le jour la vie de l'Alsace-Lorraine pendant ces
dernières années (entre autres, la motion Kubler en
faveur de l'enseignement du français dans les écoles
primaires, les discussions relatives à la création d'un
canal latéral au Rhin, la dissolution du *Cercle des
étudiants alsaciens-lorrains* de Strasbourg, le procès de
la *Lorraine sportive* à Metz, les menaces de Guillaume II
à l'égard de l'Alsace-Lorraine au cours d'un déjeuner
chez le statthalter, les procès Wetterlé, Hansi, Zislin,
etc.) et dont l'énumération complète risquerait de nous
entraîner trop loin, trois « affaires », pourtant, se dé-
gagent, qu'il est essentiel de rappeler, car, à la veille
de 1914, elles ont découvert avec évidence à tous,
même hors de l'Alsace, l'incompatibilité de sentiments d'intérêts, de mentalité entre les deux éléments
de la population, les 400.000 *immigrés* en face des
1.400.000 *indigènes*, la hautaine sécurité des uns, l'opi-
niâtre indépendance des autres; et l'on pourrait dire,
pour fixer les idées, que, de ces trois incidents, l'un
fut d'ordre sentimental, l'autre, d'ordre économique,
le troisième, militaire et politique, — tous trois
offrant, d'ailleurs, une même valeur de démonstration.

Le premier fut *l'inauguration du monument de
Wissembourg* (17 octobre 1909). Les Alsaciens-Lorrains entouraient d'une attention respectueuse et

tendre les tombes militaires françaises dont le désastre de 1870 avait couvert leur sol. Éparses dans les champs ou réunies autour de quelque monument commémoratif, elles leur apparaissaient comme de chers témoins du passé. Mais, tandis que les corps de troupe allemands honoraient sans cesse par de nouveaux monuments leurs camarades du même régiment ou du même bataillon, comme ce fantassin de bronze élevé près de Morsbronn par le *Régiment d'Infanterie de Nassau n° 88*, qui s'élance farouche, haineux, pour donner « l'exemple aux générations futures » ...*künftigen Geschlechtern zur Nachahmung* (dit l'inscription du piédestal), les morts français n'avaient plus de camarades aussi libres d'agir et ne pouvaient plus compter que sur le peuple d'Alsace. Parfois, au milieu d'un bois ou en contre-bas d'une route, le pied heurtait une pierre à demi brisée qui tombait s'effritant, où l'on avait peine à reconstituer des noms, des mots à peine lisibles : «... Caporal au 45° de ligne... », « ... Sergent au 3° zouaves... », «... 3° Cuirassiers... ». Heureusement, pour rétablir dans sa dignité la sépulture de ces morts-là, pour empêcher la disparition de ces souvenirs, les bonnes volontés ne manquaient point dans le pays... Un jour, en 1909, sur leur initiative, un monument fut consacré aux Morts de Wissembourg, sur le champ de bataille du 4 août. De toute l'Alsace, de toute la Lorraine, les spectateurs affluèrent, vieux et jeunes, bourgeois, ouvriers, paysans, plus de cinquante mille personnes. L'abbé Wetterlé parla, fit l'éloge du général Douay, qui était « mort en défendant notre sol », et Jacques Preiss, député de Colmar, célébra *la Patrie*, — sans préciser, — et sans que personne s'y trompât. Mais, surtout, un grand souffle passa... : quelques drapeaux tricolores déployés, et, devant les officiers allemands qui représentaient officiellement l'administration, la *Marseillaise*, chantée en sourdine d'abord, pour éclater soudain, de ces milliers et de ces milliers de voix, à travers la plaine immense, avec une sorte d'enthousiasme religieux,

à la fois si ardent et si grave, que personne non plus
ne pouvait se tromper à ce frémissement de foule :
le cœur de ces hommes n'était pas allemand.

L'affaire de Graffenstaden (1912) eut un sens plus
profond ou, du moins, dévoila un état de choses moins
généralement connu que la fidélité du sentiment alsacien.

Au lendemain de 1871, les Allemands, surpris par
la victoire, ne l'avaient pas exploitée jusqu'à ses
dernières conséquences. Si l'administration d'alors
avait exercé sa pression dans le pays pour entraver
le mouvement d'émigration, offert des traitements
de faveur aux fonctionnaires qui resteraient à son
service, toléré, par mesures exceptionnelles, que certains chefs d'industrie demeurassent citoyens français
tout en conservant leur domicile et leur établissement
sur le territoire annexé, c'était, sans doute, parce
que les scènes dramatiques de l'émigration avaient
fait une trop vive impression sur l'opinion européenne
et que l'Allemagne éprouvait elle-même quelque honte
à voir ainsi s'enfuir à son approche ceux qu'elle appelait ses frères retrouvés ; mais c'était aussi parce qu'il
n'y avait pas, dans l'Allemagne de 1871, assez d'hommes ni de capitaux disponibles pour qu'elle eût intérêt à encourager ce mouvement.

Quarante ans plus tard, au contraire, la surpro-
duction allemande, qui tend à se répandre à travers
le monde entier, rencontre à sa portée immédiate,
dans les provinces françaises que l'Allemagne s'est
annexées, un premier terrain de colonisation et d'ex-
ploitation. Après les petits commerçants du début,
qui n'étaient venus d'outre-Rhin que pour prendre
les places laissées vides par l'émigration, des seigneurs
d'une autre importance étaient arrivés, depuis une
dizaine d'années particulièrement, des entrepreneurs
de grandes affaires, des chefs d'industrie enhardis
par le succès. Pour racheter des « firmes » existantes

pour fonder des maisons nouvelles, des dépôts ou des succursales, les Allemands n'éprouvaient pas le même embarras que naguère. Bien plus, ayant en mains les armes nécessaires pour cette conquête économique, ils n'admettaient pas que personne pût entraver leur ambition nouvelle.

Or, l'usine de Graffenstaden (près de Strasbourg) n'était pas allemande, mais alsacienne. Née dans la belle période du développement industriel de l'Alsace française au cours du dix-neuvième siècle, cette fabrique de locomotives — dont la marque se lit encore sur tant de machines de notre ligne de l'Est — s'était fondue, après 1870, avec des établissements analogues de Mulhouse, sous une raison sociale nouvelle, commune aux deux groupes d'établissements : *Société alsacienne de constructions mécaniques* ; et la *Société alsacienne* continuait d'être alsacienne : son conseil d'administration comprenait des Alsaciens d'origine habitant la France et d'autres qui étaient restés en Alsace ; ses employés principaux, ses ouvriers étaient généralement des *indigènes*.

Dans ces conditions, un prétexte fut facile à trouver. L'usine gênait-elle des concurrents d'outre-Rhin? En tous cas, elle les tentait. La *Gazette du Rhin et de Westphalie*, organe de la fameuse maison Krupp d'Essen, accuse un des directeurs des établissements de Graffenstaden d'avoir exprimé des sentiments antiallemands, encouragé des manifestations anti-allemandes, etc... Répercussions immédiates et diverses : l'accusation répétée à la tribune de la Chambre prussienne, mise en demeure à la Société d'avoir à renvoyer son directeur, enquête, rapports, etc..., rien d'assez sérieux pour justifier toute cette campagne et tout ce bruit. Berlin n'en persistant pas moins dans ses exigences, le directeur incriminé dut offrir sa démission par ordre et la Société l'accepter.

L'affaire de Graffenstaden avait, elle aussi, dépassé les limites d'un incident local. Elle démontrait, avec l'hostilité des traditions, l'hostilité des intérêts, et aussi une volonté de conquête économique, brutale comme l'autre, tout un plan de dépossession du vaincu par le vainqueur, retour à l'antique barbarie, présage d'ambitions matérielles forcenées et prochaines...

L'incident de Saverne (1913), le dernier en date avant la guerre actuelle, eut un retentissement plus considérable encore et le sens d'une menace peut-être plus complexe, mais non moins certaine.

Saverne est une ville paisible, où les relations entre la garnison et la population n'étaient que correctes, sans doute, mais n'avaient jamais donné lieu à des froissements particuliers... Un mot circule de bouche en bouche, par la petite ville : *Wackes,* mot du dialecte alsacien qui signifie *voyou,* — le lieutenant von Forstner, un des officiers en garnison à Saverne, a traité les Alsaciens de *Wackes ;* abattre un de ces *voyous,* disait-il à un soldat prussien de son régiment, cela ne mérite pas une punition, on devrait bien plutôt donner dix marks de gratification par Alsacien abattu. Grande agitation soudaine dans toute la société savernoise, le petit peuple, la presse locale ; sifflets et cris à l'adresse de l'insolent officier ; intervention maladroite de son colonel, qui voudrait sur-le-champ mettre la ville en état de siège, comme pour exaspérer les esprits et fournir des prétextes à la manière forte ; des femmes et des enfants poursuivis par les rues et jusque dans l'intérieur des maisons ; des arrestations faites par l'autorité militaire, de sa seule initiative, contrairement à la loi...

Le journal allemand de la localité partageait l'indignation de la population savernoise ; un des magistrats allemands de Saverne, sortant d'une séance du tribunal au moment où venait de se produire sur la place un des incidents les plus violents, fit remarquer aux officiers l'illégalité de leurs actes ; au Parlement de Berlin, les interpellations des députés alsaciens trouvèrent un écho parmi les députés allemands : non point que ce journaliste, ce juge, ces parlementaires fussent convertis à la cause alsacienne, disposés à prendre le parti de l'Alsace-Lorraine contre l'Allemagne, mais parce qu'ils commençaient à craindre — par intermittence, et sans appuyer... — que l'esprit de Forstner ne s'installât, de proche en proche, dans l'Empire entier.

Vagues et vaines ébauches d'opposition ! Qu'une motion de blâme votée à cette occasion par le Reichstag soit restée sans effet, que le chancelier de Bethmann-Hollweg ait été maintenu en fonctions, qu'au contraire certains fonctionnaires du gouvernement d'Alsace-Lorraine, suspects d'avoir penché plutôt pour les *Wackes* que pour les officiers, aient été déplacés ; que le ministre de la guerre, du haut de la tribune, ait déclaré responsable de l'incident, non point le lieutenant ou le colonel, mais la presse..., que le conseil de guerre de Strasbourg ait acquitté les deux officiers et que le kronprinz ait envoyé un télégramme de félicitations à la suite de l'acquittement : autant de faits qui démontraient l'impuissance de quelques velléités éparses en face d'un gouvernement bien décidé à les empêcher de prendre corps, dès leur première manifestation et par tous les moyens.

L'affaire de Saverne faisait apparaître, à son tour, l'incompatibilité du traditionnel démocratisme alsacien, difficile à qui ne sait pas le manier, avec cet autoritarisme importé et d'un autre âge, chaque jour plus sûr de lui, plus envahissant, plus vexatoire, et elle décelait, du même coup, de la part de l'Allemagne, une furie d'orgueil militaire qui allait déferler bientôt, au-delà de la petite cité savernoise, au-delà de l'Alsace-Lorraine même, sur tout ce qui représente dans le monde un autre esprit que le militarisme prussien.

« La guerre », il y a quatre ans encore, c'était celle de 1870, la dernière en date, que d'aucuns croyaient la dernière de toutes. Depuis, pourtant... A ceux qui avaient oublié, à ceux qui ne s'en doutaient pas, une guerre nouvelle est venue montrer ce qu'étaient l'Allemagne et les Allemands. Pour avoir été leurs voisins immédiats, puis, pendant quarante ans, leurs sujets, les Alsaciens les connaissaient bien.

Ils les savaient très forts, militairement façonnés dès l'école, disciplinés aveuglément, passionnés de respect hiérarchique, prêts à toute obéissance, ils voyaient, de leurs yeux, chaque jour, de nouvelles constructions militaires, lourdes, mais puissantes, des garnisons sans cesse tenues en haleine, des manœuvres impressionnantes, où rien ne manquait, et le spectacle de cette force toujours tendue les détournait de souhaiter un nouveau conflit.

Ils connaissaient leur orgueil, que le souvenir de la précédente victoire alimentait toujours, mais ne satisfaisait plus, l'exubérance de leur production débridée, leur volonté de faire tenir le monde entier dans leurs classeurs et leurs fichiers, — et aussi leur double sentiment à l'égard de la France, qui les irrite et les gêne parce qu'elle est la Révolution, qui les attire parce qu'elle est la « douceur de vivre », l'un et l'autre sentiment également dangereux, besoin brutal de mater parce qu'on ne peut pas séduire, toute une philosophie de politique passionnelle qui tient en deux mots : l'Allemand nous aime, mais il nous veut..., — tout cela, les Alsaciens-Lorrains le savaient, d'une connaissance précise, d'une observation de tous les instants, et, pour toutes ces raisons, la guerre, qu'ils craignaient, leur apparaissait comme fatale, menaçante inéluctablement, imminente peut-être...

Et, dans cette crise, toute leur histoire se dressa devant eux, pour les guider.

Quarante ans avaient passé, il est vrai. Mais quarante ans ne sont rien : des Français qui, même tout jeunes, même enfants, par de vagues visions, par la répercussion de deuils atroces, par le souvenir des angoisses familiales, auront vécu la guerre actuelle, quel est celui qui, dans quarante ans, ne se mésestimerait pas, s'il avait oublié ? regret encore plus lourd à porter, lorsque le conquérant reste là, toujours présent, occupe le pays en maître, lancinant rappel d'une existence meilleure.

Au cours des temps, le vieil esprit d'indépendance alsacien s'était développé régulièrement : l'esprit des « Dix Villes libres », de la République de Strasbourg et de la République de Mulhouse, l'esprit qui animait toutes les traditions particulières du pays et que la monarchie française avait respecté. La Révolution apparaît, entraînant l'Alsace parce qu'elle allait dans le sens même du démocratisme alsacien : en 1792, Condorcet, qui présidait l'Assemblée Législative, accueillit par ces mots une délégation de Mulhouse : « Avant d'avoir conquis la liberté, nous regardions vos droits avec envie, aujourd'hui, nous les possédons comme vous... », et, en 1848, un Strasbourgeois, correspondant occasionnel du *Courrier du Bas-Rhin*, devait exprimer la même idée par cette formule non moins significative ; » La France devint ce que nous avions été ; ce que nous voulions être, nous le sommes redevenus par elle et avec elle. » Or, tous ces souvenirs, toutes ces tendances avaient traversé le dix-neuvième siècle de libération en libération (1830, 1848), pour aboutir, au moment précis où la mère-patrie devenait République, à la dépendance la plus étroite vis-à-vis d'une administration étrangère, la plus rude qui fût...

En face de l'Alsace-Lorraine, la France restait, et la France, c'était, pour « ces annexés » comme pour leurs pères plus heureux, « l'empire de la liberté ». Quand on est Français, fils de Français, on ne veut pas devenir Allemands. Quand on a été libres, on ne veut pas cesser de l'être. Régression dont le sentiment précis ou confus avait pénétré chacun : *aller mourir ailleurs, plus vivre ici, il n'y a rien à faire avec ces gens-là,* ... expressions courantes du populaire, qui, en vérité, étaient pleines d'histoire. Et si, depuis 1914, en Alsace-Lorraine, les tribunaux militaires ont distribué des milliers d'années de condamnations, si tant d'Alsaciens-Lorrains ont fui leur pays, dès les premières heures du bouleversement universel, souvent au péril de leur vie, toujours au risque de la ruine — car les confiscations de biens se sont multipliées..., — si, par milliers, des Alsaciens-Lorrains, malgré quels obstacles ! parmi des péripéties et des angoisses dont on ne saura jamais tout le tragique, ont tout fait pour servir la France quand même, c'est parce que leur expérience de l'Allemand les éclairait ; c'est parce qu'ils n'ont jamais été dupes des mensonges de la presse impériale, des « avions sur Nuremberg », de la « guerre préméditée par la France », etc... ; c'est, enfin, parce qu'ils ont compris que la France poursuivait sa tradition, leur tradition commune, et que cette guerre-là aussi, — selon les termes mêmes du décret de 1792 qui proclamait la guerre révolutionnaire —, la France était « obligée de la soutenir pour la défense de son indépendance », qu'elle n'était pas « une guerre de nation à nation, mais la juste défense d'un peuple libre contre l'injuste agression d'un roi »

TABLE

Imprimerie Jean Cussac, Paris.